Albrecht von Braunschweig

Wildkrankheiten und Fleischbeschau

KLEINE JAGDBÜCHEREI

Albrecht von Braunschweig

Wildkrankheiten und Fleischbeschau

Beschreibung
und Anleitung
für Jäger

Landbuch
Verlag Hannover

Braunschweig, Albrecht von:
Wildkrankheiten und Fleischbeschau. Beschreibung und
Anleitung für Jäger / Albrecht von Braunschweig.
– 6. überarbeitete Auflage. – Hannover: Landbuch Verlag
Hannover, 2000.
ISBN 3 7842 0595 X

© Landbuch Verlagsgesellschaft mbH Hannover
   Postfach 160, 30001 Hannover
   Kabelkamp 6, 30179 Hannover
   Tel.: 05 11 / 6 78 06-2 30
   Fax: 05 11 / 6 78 06-2 20
   http://www.landbuch.de

Hinweis:
Alle in diesem Buch enthaltenen Angaben, Daten, Ergebnisse etc. wurden vom Autor nach bestem Wissen erstellt
und von ihm und dem Verlag mit größtmöglicher Sorgfalt
überprüft. Eine Verantwortung und Haftung für etwaige
inhaltliche Unrichtigkeiten kann jedoch nicht übernommen
werden. Der Haftungsausschluss gilt nicht, soweit nach
dem Produkthaftungsgesetz für Personen- und Sachschäden
gehaftet wird. Jeder Leser muss beim Umgang mit den
genannten Stoffen, Materialien, Geräten, insbesondere
auch mit den genannten Medikamenten usw. Vorsicht
walten lassen, Beipackzettel, Gebrauchsanweisungen und
Herstellungshinweise beachten sowie den Zugang für
Unbefugte verhindern. Zum Beispiel ist (S. 62) Tetracyclin
als Antibiotikum verschreibungspflichtig, stets ist ein Arzt
hinzuzuziehen! Beim Arbeiten mit Formalin und Spiritus
(S. 99) müssen Augen und Haut vor Kontakt geschützt
werden. Die Dämpfe dürfen nicht eingeatmet werden. Da
Spiritus leicht entzündlich ist, niemals mit brennenden
Gegenständen, z. B. einer Zigarette, benutzen!

Projektleitung: Ulrike Clever, Landbuch Verlag Hannover
Titelfotos: Erhard Brütt, Hannover (Kaninchen mit Myxo-
matose, auch Bild 23, S. 59), Hansgeorg Arndt, Lübeck
(Fuchs mit Räude, auch Bild 16, S. 44), Ulrich Herbst
(Perückenbock)
Innenfotos: Albrecht von Braunschweig, Wunstorf
Die Schweinepest-Fotos (Bilder 21 u. 22, S. 56) wurden
vom Institut für Virologie der Tierärztlichen Hochschule
Hannover zur Verfügung gestellt.
Die Perückenbildung (Bild 37, S. 87) stammt aus dem
Archiv Erhard Brütt, Hannover.

Umschlaggestaltung und Layout:
Leidecker & Schormann, Hannover/Bad Oeynhausen
Gesamtherstellung: Landbuch Verlag Hannover

ISBN 3 7842 0595 X

Inhalt

Einleitung

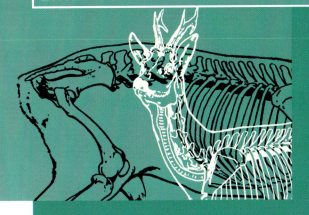

Einleitung

Im vorliegenden Buch soll der Versuch unternommen werden, dem Leser in sehr knapper, aber dennoch verständlicher Form die wichtigsten Zusammenhänge des Krankheitsentstehens, der Parasitenkreisläufe, der Erkennungsmerkmale der Wildkrankheiten darzulegen und die elementaren Grundkenntnisse für den Jäger als Sonderregelung nach dem Fleischhygienerecht bei der Fleischuntersuchung zu vermitteln. Durch Abbildungen werden nicht nur Krankheitsmerkmale in Wort und Bild beschrieben. Es werden auch Normalorganabbildungen zum Vergleich mit Krankheitsmerkmalen und die normale Lage der Organe im Tier gezeigt. Hierfür sind fast alle Abbildungen ganzer Tierkörper in der gleichen Lage auf der rechten Seite liegend dargestellt wie u.a. *Bilder 2 und 27.*

Der Krankheits- oder Seuchenablauf weist bei näherer Betrachtung bei den meisten Krankheiten ähnliche Hintergründe auf. Sie sind im Lebensraum, dem Nahrungsangebot und der Besiedlungsdichte durch Tier und Mensch zu suchen. Es wäre sinnlos, wollte man Wildkrankheiten ohne die Zusammenhänge im Lebensraum betrachten. Das Auftreten von großen Verlusten im Wildbestand ist immer mit ungünstigen Umweltbedingungen oder zu hohen Tierbeständen verbunden. Einzelvorkommen der verschiedenen Krankheiten wird es natürlich immer geben. Je ungünstiger die Lebensbedingungen und je höher die Tierbestände angestiegen sind, umso drastischer wird die Natur durch Krankheiten eingreifen, um das Gleichgewicht wieder herzustellen. Wir müssen deshalb bei seuchenhaftem Auftreten von Wildkrankheiten in konsequenter Weise zuerst nach den Ursachen der Wildverluste durch Krankheiten suchen. Man darf hieraus den Schluss ziehen, dass

Wildkrankheiten sind notwendige Regulatoren im natürlichen Lebensraum, auch dann, wenn sie den Interessen der Menschen zuwiderlaufen.

Aus Sicherheitsgründen für den Menschen oder für unsere Haustiere oder aus wirtschaftlichen Erwägungen kann es geboten sein, Wildkrankheiten zu bekämpfen oder Heilbehandlungen einzuleiten. Ersteres gilt für gefährliche Seuchen, wie Tollwut oder Schweinepest, letzteres wird mehr in Gatterrevieren durch einen Tierarzt zur Anwendung kommen. Um eine Wildkrankheit in den Griff zu bekommen, muss man natürlich über ihre Erreger und deren Lebenskreislauf, über Krankheitsverlauf, Infektionsgefahr für Mensch und Tier, über tierseuchenrechtliche Belange und vieles anderes ein gewisses Maß an Wissen haben.

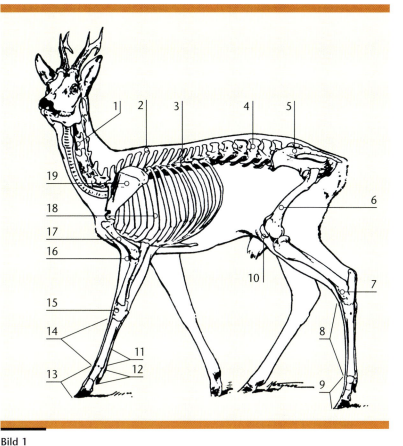

Bild 1

Knochengerüst eines Rehbocks

1. Halswirbel, **2.** Dornfortsatz (Feder), **3.** Brustwirbel,
4. Lendenwirbel, **5.** Becken, **6.** Oberschenkel, **7.** Sprunggelenk,
8. Mittelfuß, **9.** 3. und 4. hintere Zehe, **10.** Knie, **11.** Mittelhand-
knochen des 2. und 5. Fingers, **12.** Zehen des 2. und 5. Fingers
(Geäfter), **13.** Vorderzehen des 3. und 4. Fingers, **14.** Mittelhand-
knochen, **15.** Handwurzelgelenk, **16.** Ellenbogengelenk,
17. Oberarm, **18.** Rippen, **19.** Schulterblatt.
Der Schädel ist aus verschiedenen Knochen fest verwachsen, er enthält die Schädelhöhle mit dem Gehirn und die Mundhöhle, die von
Ober- und Unterkiefer mit den Zähnen umschlossen wird.

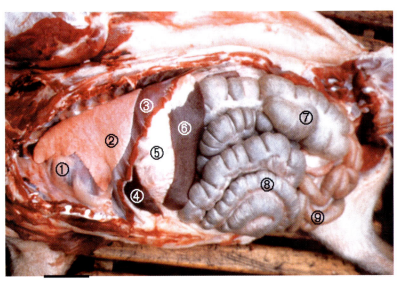

Bild 2

Organlage im Schwein

Die in ihrer Größe, Farbe und Konsistenz normalen Organe sind in der natürlichen Lage in den Körperhöhlen dargestellt. In der Brusthöhle liegen Herz ① und die recht blutarme Lunge ②. Hinter der Lunge ist das Zwerchfell ③ erkennbar. Ganz tief dahinter auf dem Brustbein erscheint der linke Leberlappen ④. Hinter dem weiß erscheinenden Magen ⑤ liegt die Milz ⑥. Dahinter ist oben der Blinddarm ⑦ und unten der Grimmdarm ⑧ zu erkennen. Ganz rechts unten in der Bauchhöhle schaut etwas Dünndarm ⑨ heraus.

Dies gilt ganz besonders für die dem Jäger durch Sonderregelung übertragene Fleischuntersuchung nach dem Fleischhygienegesetz (FHG, 1993) und dem Geflügelhygienegesetz (GFHG 1997) und zur Krankheitserkennung für diagnostische Zwecke. Dem Laienuntersucher seien deshalb einige besonders wichtige und verständliche Lehrsätze an die Hand gegeben:

Bei der Untersuchung von Wild müssen alle Organe auf ihre Größe, Farbe, Konsistenz und Geruch geprüft werden. Voraussetzung hierfür ist, dass die Normalverhältnisse vorher erlernt worden sind. Es besteht für den Jäger kein vorgeschriebenes Untersuchungsverfahren bei der Fleischuntersuchung. Gleiches gilt auch für Untersuchungen zur Krankheitserkennung für rein diagnostische Zwecke bei Wild, das nicht dem menschlichen Verzehr dienen soll.

WILDKRANKHEITSURSACHEN

Als Ursachen von Wildkrankheiten kommen in Betracht:

Viren: große Moleküle mit absolutem Zellparasitismus, Vermehrung nur in der Zelle, deshalb meist tierartspezifische (Schweinepest) oder zellartspezifische (Tollwut) Seuchenerreger, spezifischer Aufbau: sehr klein, meist mit dem Lichtmikroskop nicht erfassbar.

Bakterien: Kleinlebewesen (Spaltpilze) ohne erkennbaren Kern mit Bakterienwand und Protoplasma (enthält Kernbestandteile). Vermehrung durch Querteilung, Stäbchen, Schrauben-, Keulen- oder Kugelform.

Pilze: Kleinste Organismen zwischen Pflanzen und Tieren, leben von organischer Substanz, bestehen aus Pilzfäden und Fruchtkörpern. Pilzerkrankungen werden Mykosen genannt.

Parasiten: Ein- oder mehrzellige Tiere, mit dauerndem oder vorübergehendem Leben zu Lasten anderer Lebewesen. Endoparasiten schmarotzen in anderen Tieren, Ektoparasiten leben auf oder in der Haut anderer Tiere.

Futterschädlichkeiten: verdorbene nicht vollwertige oder unzuträgliche Äsung. Gifte, Pflanzenschutzmittel, Insektizide, Herbizide, Abwässer, Abgase erzeugen akute oder chronische Schäden je nach Dosierung und Verträglichkeitsgrad.

Geschwülste: übermäßiges gutartiges (expansives) oder bösartiges (infiltratives) Wachstum verschiedener Gewebearten bei Wildtieren in der Mehrzahl des Lymphgewebes und Bindegewebes.

Missbildungen: embryonal fehlgebildete Organe, am häufigsten sind Doppelbildungen von Extremitäten oder Zähnen.

Verletzungen: durch stumpfe Gewalteinwirkung (Straßenverkehr) oder scharfe Gewalteinwirkung (Mähmaschinen, Schusswunden).

In den *Tabellen 1 und 2* sind nur die wichtigsten Wildkrankheiten und deren Bedeutung für Mensch und Tier aufgeführt. Im vorgegebenen Rahmen dieser Buchreihe ist es nicht möglich, alle Wildkrankheiten zu besprechen. Bei den einzelnen Krankheiten sind die bedeutsamsten Gesichtspunkte erwähnt. Bei den parasitären Krankheiten sind dazu der Sitz des Parasiten in seinem Wirt und der jeweilige Zwischenwirt angegeben. Hierzu muss erklärend gesagt werden, dass der Wirt das Tier ist, in dem der Parasit als geschlechtsreifes Tier zu leben vermag. Die meisten Parasiten sind auf ganz bestimmte Wirte festgelegt, d. h. sie sind wirtspezifisch. Es kann also die Coccidiose des Hasen nicht auf den Menschen übergehen oder eine Lungenwurmart des Rehes auf das Schwarzwild. Die Wirtspezifität bzw. nicht Spezifität für Wirte (z. B. Leberegel) ist sehr wichtig. Es gibt auch

Die wichtigsten parasitären Krankheiten des einheimischen Wildes

Parasitäre Krankheiten	wichtige Vorkommen	Bedeutung	Zwischenwirt	Sitz beim Wirt
Coccidien (Einzeller)	Hase, Fasan	+++	–	Dünndarm
	Kaninchen	++	–	Leber, Darm
	viele Tierarten	++	–	Darm
Toxoplasmen	Katze	+	Tier und Mensch	Darm (Coccidien)
Sarkosporidien	Fleischfresser	+	Reh, Schwarzwild und andere Tiere	Darm (Coccidien)
Magenwürmer (Rundwürmer)	Reh, Hase, Muffel-, Rot-, Damwild	+++	–	Magen, Darm
		++	–	Magen, Darm
	Kaninchen	++	–	Magen, Darm
	Schwarzwild	+	Mistkäfer (z. T.)	Magen
	sehr viele Tierarten	++	–	Magen, Darm
Lungenwürmer (Rundwürmer)	Reh, Hase, Muffel-, Rot-, Damwild	+++	Schnecken (z. T.)	Lunge, Bronchien
		++	Schnecken (z. T.)	Lunge, Bronchien
	Schwarzwild	++	Regenwürmer	Lunge, Bronchien
	viele Tierarten	++	oft Schnecken	Lunge, Bronchien
Rotwurm (Rundwurm)	Fasan u. a. Vögel	++	Regenwürmer (Sammelwirt) –	Luftröhre
Haarwürmer (Rundwürmer)	Hühnervögel	++	Regenwürmer (z. T.)	Kropf-, Blind-, Dünndarm
	Enten Rotwild	+	–	Dünndarm
	Dachs, Fuchs	+	unbekannt	Magen, Lunge, Blase
Trichine (Rundwurm)	Fuchs, Schwein, Dachs, Katze, Ratte			Darm (Rundwurm) u. Muskulatur (Larve)
Kreuzlähme (Rundwurm)	Rotwild	+	Schnecken	Zentralnervensytem
Leberegel (Saugwurm)	Reh, Hase u. a. Pflanzenfresser	++ ++	Zwergschlamm- schnecke	Gallengänge
Bandwürmer	viele Tierarten u. a. Fuchs, Hund	++	in der Nahrung Schalenwild, Mäuse, Kaninchen (Mensch)	Dünndarm
Räude (Milben)	Gemse, Fuchs, Sau	++	–	Haut
Rachenbremse (Insekt)	Reh, Rotwild	+	Reh, Rotwild	Nasen-, Rachenraum (Zwischenwirt)
Dasselfliege (Insekt)	Reh, Rotwild	+	Reh, Rotwild	Unterhaut (Zwischenwirt)

Tabelle 1

+ = nur wenige Todesfälle oder geringe Bedeutung

++ = zahlreiche Todesfälle oder größere Bedeutung

+++ = große Zahl von Todesfällen oder Gefährlichkeit

Die wichtigsten viralen und bakteriellen Krankheiten des einheimischen Wildes

Viruskrankheit	Vorkommen	Bedeutung	
		Tier	Mensch
Tollwut	Fuchs, Marder, Dachs, Reh,	+++	+++
	Katze, Hund, Rind,	++	
	alle Säugetiere	+	
Aujeszkysche Krankheit	Schwein, viele Säuger	++	
Schweinepest	Wild- und Hausschwein	++	−
Myxomatose	Kaninchen	+++	−
Hämorrhagische Krankheit der Kaninchen (RHD)	Kaninchen	+++	−
European Brown Hare Syndrom (EBHS)	Hase	++	−
Geflügelpest (New-Castle-Krankheit)	Fasan, Rebhuhn (Fasanerien)	+	−
Geflügelpocken	Tauben, Rebhuhn	++	−
Zeckenencephalitis	Mäuse, Igel, Rind, Ziege	unbek.	++
Staupe	Seehund, Marder	+	−
Ornithose (Psittakose)	Tauben, und viele Vogelarten		+

Bakterielle Krankheiten

Pseudotuberkulose	Hase, Nagetiere, u. a. Tiere (Mensch)	++	+
Pasteurellosen	Hase, Fasan	++	−
Salmonellosen	alle Tiere	++	+
Tularämie	Hase, Nagetiere, Vögel	+	++
Rotlauf	Wildschwein	+	+
Staphylokokkose	Hase	+	−
Brucellosen, 3 Arten	Hasen	−	+
Strahlenpilz (Actinomykose)	Reh u. a. Tiere	+	+
Moderhinke	Mufflon	++	−
Mykoplasmose	Schwein	+	−

▬▬▬▬

Tabelle 2

+ = nur wenige Todesfälle oder geringe Bedeutung

++ = zahlreiche Todesfälle oder größere Bedeutung

+++ = große Zahl von Todesfällen oder Gefährlichkeit

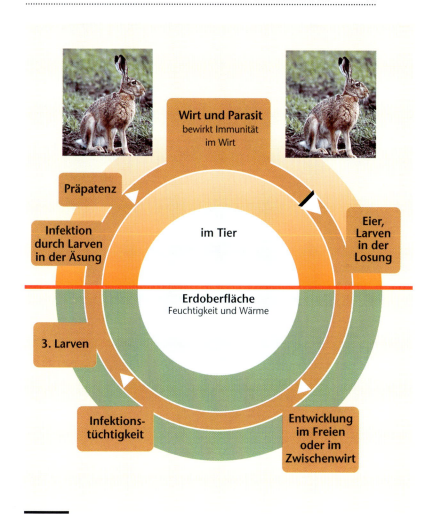

Diagramm 1

Allgemeiner Parasitenkreislauf

eine Zwischenwirtspezifität, d. h. die Parasitenbrut kann nur in ganz bestimmten Zwischenwirten (Leberegel, Zwergschlammschnecke) eine Weiterentwicklung bis zur Infektionstüchtigkeit durchlaufen. Ein Zwischenwirt ist bei einigen Rundwürmern und bei allen Saug- und Bandwürmern im Entwicklungskreislauf vom Ei über meist 3 Larvenstadien bis zur Infektionstüchtigkeit notwendig. Danach folgt wieder im Wirt ein Wachstum bis zur Geschlechtsreife (Präpatenz).

Die Mehrzahl der Magenwürmer (Rundwürmer) benötigt bei der Entwicklung in der Außenwelt keinen Zwischenwirt. Deshalb kann man bei den meisten Magenwürmern auch nicht durch Ausschaltung von Zwischenwirten den Magenwurmkreislauf unterbrechen.

Für alle Endoparasiten gibt es eine Lebensphase im Wirt als geschlechtsreifer Parasit und eine Entwicklungsphase in der Außenwelt mit oder ohne Zwischenwirt. Bei den Rachenbremsen und Dasselfliegen ist das umgekehrt. Bei diesen Tieren lebt der geschlechtsreife Parasit – die Fliege – frei und die Larven parasitieren im Wild. In diesem Falle ist das Wild auch nur Zwischenwirt. Wirt und Krankheitserreger stehen immer in einem gewissen Verhältnis zueinander, das abhängig ist vom allgemeinen Gesundheitszustand des Wirtes, von der Empfänglichkeit des Wirtes für den Krankheitserreger und der Immunität des Wirtes; auch das Alter und bereits durchgestandene Infektionen des Wirtes spielen eine große Rolle. Für den Parasiten sind die Entwicklungsmöglichkeiten in der Außenwelt, eventuell das Vorhandensein von Zwischenwirten und deren Gedeihen, und der Gesundheitszustand des Wirtstierbestandes von großer Bedeutung, um sich ungehemmt vermehren zu können. Sind die Lebensbedingungen für den Parasiten günstig, so erhält er die Oberhand und vermindert den Wirtstierbestand. Man sagt dann, dass sich das Wirt-/Parasit-Verhältnis zugunsten des Parasiten verschoben hat.

Eine ganz große Rolle bei der Entstehung von Wildkrankheiten spielt das Zusammenwirken verschiedener Krankheitserreger. So ebnen oft z. B. Lungenwürmer durch mechanische Schäden in der Lunge Bakterien den Eintritt in das Lungengewebe.

Das *Diagramm 1* zeigt einen schematischen Parasitenkreislauf, der fast auf alle Parasiten anwendbar ist. Dabei ist darauf zu achten, dass nur im Wirt die Geschlechtsreife erreicht wird. Eine Parasiteninfektion erfolgt fast immer bei der Nahrungsaufnahme. Eine Parasitenbrutstreuung findet mit der Losung im Gelände statt. Auf dem Erdboden müssen Feuchtigkeit und Wärme vorhanden sein. Der Zwischenwirt ist im Nahrungsspektrum des Wirtes zu suchen. In ihm erfolgt eine Weiterentwicklung der Parasitenbrut bis zur Infektionstüchtigkeit. Um diesen Text zu ergänzen, sind ein allgemeingültiger und mehrere spezielle Parasitenkreisläufe in den einzelnen Kapiteln eingearbeitet.

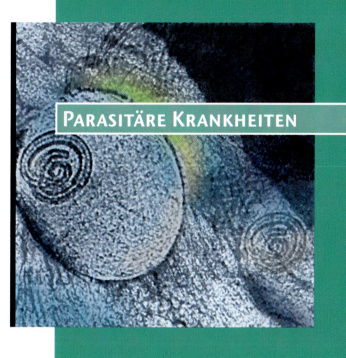

PARASITÄRE KRANKHEITEN

Coccidiosen bei Wildtieren

Es gibt eine große Zahl verschiedener Coccidien bei sehr vielen Tierarten. Bei unseren jagdbaren Tieren spielt Coccidiose verschiedener Arten bei Hasen eine ganz bedeutende Rolle. Der Erreger der Coccidiose ist ein mikroskopisch kleines einzelliges Sporentierchen, das in den Deckzellen der Darmschleimhaut beim Hasen und Fasan oder in den Gallengängen der Leber oder des Darmes beim Kaninchen schmarotzt. Die Coccidienarten sind wirtspezifisch. Mit der Losung der erkrankten Wirtstiere werden Dauerformen (Oozysten) der Coccidien ausgeschieden, die mit einer Hülle umgeben sind. In der Außenwelt reifen sie bei Wärme und Feuchtigkeit in 4 bis 10 Tagen zu ansteckungsfähigen Sporen heran (Sporogonie).

Werden diese mit beschmutzter Äsung von einem passenden Wirtstier aufgenommen, so dringen die Sporozoiten nach Auflösung der Hülle in Darmzellen ein. Hier vermehren sie sich ungeschlechtlich; sie zerfallen in zahlreiche Sichelkeime (Schizogonie), die frei werden und neue Darmzellen befallen. Dieser Vorgang wiederholt sich mehrere Male innerhalb weniger Tage und führt zur Zerstörung der Darmschleimhaut. Die Coccidien sind nicht durch ihr bloßes Vorhandensein im Darm gesundheitsschädlich, sondern der Schleimhautschaden bewirkt eine zu große Durchlässigkeit der Darmwand. Dadurch gelangen Futterbestandteile in das Blut, die sonst nicht dorthin gelangen können. So kommt es zu einer Anreicherung von giftig wirkenden Stoffen im Blut mit der Folge einer Herzschwäche und einer Darmentzündung.

Nach der ungeschlechtlichen Vermehrung entstehen weibliche und männliche Entwicklungsformen (Makro- und Mikrogametocyten), die sich vereinigen (Gametogenie), mit einer festen Hülle umgeben und die Dauerformen (Oozysten) bilden, die den Darm mit der Losung verlassen. In der Außenwelt erlangen die Dauerformen innerhalb weniger Tage ihre Infektionstüchtigkeit. Der gesamte Zyklus der Coccidiose läuft sehr rasch ab, wenn die Witterung warm und feucht ist. Die Vermehrungsrate der Coccidien ist wegen der ungeschlechtlichen Vermehrung sehr hoch. Deshalb gewinnt diese Krankheit oft so große Bedeutung.

Die Coccidiose ist eine Jungtierkrankheit, die praktisch alle Tiere erfasst und nach der Durchseuchung eine stabile Immunität hinterlässt. Alte Tiere sind deshalb fast immer immun. Nasse, kühle Sommer, denen eine besonders warme, lange Herbstzeit folgt, sind bedeutsam für eine seuchenartige Coccidiose, die dann große Verluste im Junghasenbesatz verursacht. Es gibt auch Coccidiosen mit Zwischenwirteinschaltung (siehe bei Sarkosporidien und Toxoplasmen [Katzencoccidiose]).

Bekämpfung

Darum gilt als wichtigste Maßnahme, den Althasenbesatz im folgenden Winter zu schonen. Die Coccidiose ist im Durchschnitt der Jahre die bedeutendste Junghasenkrankheit. Ihr seuchenhaftes Auftreten endet jährlich mit dem ersten Kälteeinbruch, weil die Sporenbildung durch Kälte in der Außenwelt stark gebremst wird und deshalb massive Infektionen selten werden. Eine medikamentelle Bekämpfung der Hasen-Coccidiose ist bisher nicht möglich, da die Krankheit fast nur von August bis Wintereinbruch auftritt. Zu dieser Zeit bekommt man die Hasen schlecht an ausgelegtes Futter, das mit Medikamenten versehen ist. Wirksam gegen Coccidiose sind Amproliumpräparate, Sulfonamide u. a. m. (Nur durch Tierarzt beziehen, Anweisungen beachten, vor Unbefugten schützen!).

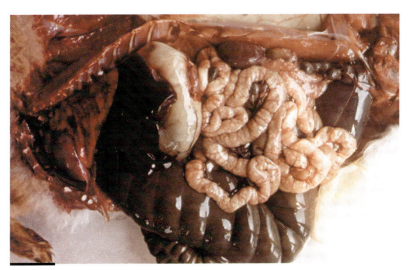

Bild 3

Coccidiose Junghase, Übersichtsbild
Blutgehalt der Lunge normal = dunkelrote Färbung. Das Bild zeigt mit Ausnahme des Dünndarmes etwa die normale Farbe, Größe und Konsistenz aller Organe. Der Blutgehalt der Organe entspricht ebenfalls der Norm. Einen Ausschnitt dieses Bildes im Bereich des Dünndarmes gibt *Bild 4* wieder. Die Blase ist stark gefüllt.

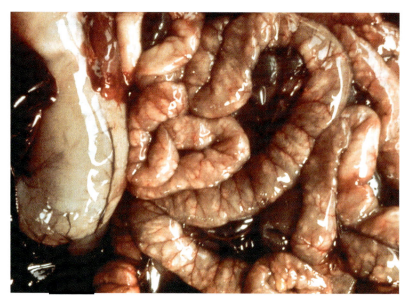

Bild 4

Coccidiose des Hasen
Links im Bilde hintere Teile der Leber und der Magen. Links oben hinter dem Magen normale Milz. Im übrigen Bild Dünndarm mit gestauten Blutgefäßen. Durch die Darmwand scheinen überall klein- flächenhafte weißliche Herde hindurch. Dies sind von Coccidien ver- ursachte Darmschleimhautdefekte. Der Darminhalt besteht aus grau- schleimigen Massen. Der Dünndarm zeigt eine hochgradige aktue katarrhalische Entzündung. Unter dem Dünndarm liegt der dunkel- grüne Dickdarm.

Erkennungsmerkmale

Bei der Sektion findet man den Dünndarm glasig verdickt, und durch die Dünndarmwand scheinen zahlreiche kleinflächen- hafte weißliche Herde hindurch. *Bilder 3 und 4.* Der Darminhalt besteht aus trübem Schleim, in dem sich massenhaft Dauerformen der Coccidien befinden. Bei Lebercoccidiose treten zahllose gelbe Abszesse in den Gallengängen auf, die die Größe von Reiskörnern haben. Die Tiere sind blutarm. Bei chronischem Verlauf tritt eine Abmagerung ein. Die Milz ist nicht vergrößert.

In Fasanerien verursachen mehrere Arten von Coccidien bei Fasanen- und Rebhuhnküken häufig schwere Verluste. Dabei sind die Blinddärme stark verdickt, zeigen blutigen oder käsigen Inhalt oder der Dünndarm ist entzündet und weist ähnliche weiße Herde in der Schleimhaut auf wie beim coccidiosebefallenen Hasen. Die Blinddarmcoccidiose ist auch unter dem Namen – Rote Kükenruhr – bekannt.

Die Wildtiercoccidiosen sind für den Menschen nicht infektiös, außer der Katzencoccidiose, für die der Mensch Zwischenwirt sein kann = Toxoplasmose.

Sarkosporidienbefall

Sarkosporidien kommen bei verschiedenen Tierarten als Muskelparasiten vor. Man kann sie gerade noch mit bloßem Auge als 1 bis 1,5 mm lange und 0,5 bis 0,7 mm breite weißliche Teilchen erkennen. *Bild 5.* Sie gehören alle zu Fleischfresser- oder Menschencoccidienarten, deren Entwicklungsstadien in Pflanzenfressern oder Allesfressern ihren Zwischenwirt haben. Im Zwischenwirt werden sie Sarkosporidien genannt. Die Infektion wird durch infiziertes rohes Fleisch an den geeigneten Wirt vermittelt und löst bei ihm eine Darmcoccidiose aus. Der Sarkosporidienbefall bei Reh und Wildschwein ist häufig, aber meist nicht so stark, dass er erkannt wird. Für die Wildwiederkäuersarkosporidien sind Fuchs und Hund Wirte, für das Schwein kommt der Mensch als Wirt in Betracht.

Starker Sarkosporidienbefall bewirkt Genussuntauglichkeit des Wildbrets.

Bild 5

Rehbauchmuskulatur mit starkem Sarkosporidienbefall
Die Sarkosporidien fallen als helle Stelle von etwa 1,2 x 0,6 mm Größe auf. Die Anordnung ist typisch in Längsrichtung der Muskelfasern. So starker Sarkosporidienbefall bewirkt Untauglichkeit bei der Fleischuntersuchung.

Schwarzkopfkrankheit

Schwarzkopfkrankheit oder Blackhead des Geflügels wird durch Einzeller (Histomonas meleagridis) verursacht und bewirkt bei Puten und Raufußhühnern, weniger bei Fasanen, schwere Verluste. Die Blinddärme sind verdickt mit gelb-käsig-blutigen Massen gefüllt. In der Leber erscheinen große, gelbe, rund-geschichtete Herde. Eine Heilbehandlung mit Dimetridazol (Emtryl) ist wirkungsvoll. (Nur durch Tierarzt beziehen, Anweisungen beachten, vor Unbefugten schützen!) Resistenzausbildung wurde beobachtet. Blinddarmwürmer gelten als Hauptüberträger.

Magen- und Darmwurmbefall

Magen- und Darmwurmbefall wird durch viele verschiedene, meist wirtspezifische, weißlich oder rötlich erscheinende Rundwürmer (Nematoden) hervorgerufen. Sie sind z. T. mikroskopisch klein, können aber auch bis 30 mm Länge erreichen. Man kann sie im Magen, Dünn- und Dickdarm finden. Dort erzeugen sie durch Bohrschäden in der Schleimhaut und durch Blutsaugen Schäden, die sich in Form von chronischen Magen-Darm-Entzündungen und Blutarmut zeigen. Die Blutarmut fällt besonders durch Hellrosafärbung der Lunge auf. *Bild 6.* Die Magen-Darm-Entzündung äußert sich in ungeformter, schleimiger Losung und Schwellung der Magen-Darm-Schleimhaut.

Geschlechtsreife Wurmweibchen legen im Magen-Darm-Kanal bis zu 200 000 Eier ab, die mit der Losung auf den Erdboden gelangen. Hier schlüpfen bei warmer Außentemperatur und genügend Feuchtigkeit schon nach wenigen Tagen Larven aus den Eiern. Am Erdboden häuten sich die Larven meist zweimal und sind dann erst infektionstüchtig. Diese Larvenformen kriechen an Gräsern empor und werden mit der Äsung vom Wild aufgenommen. Im Magen-Darm-Kanal geht die Entwicklung innerhalb von 20 bis 25 Tagen bis zur Geschlechtsreife männlicher und weiblicher Würmer weiter. Man nennt diese Zeit die Präpatenz. Während der Präpatenz entstehen bei den Wildtieren oft die schwersten Schäden, weil einige Larvenarten in die Magen- oder Darmwand eindringen. Nur bei wenigen Magenwurmarten gibt es einen Zwischenwirt (z. B. Käfer beim Schwarzwild) im Entwicklungszyklus. Die einzelnen Wurmarten sind recht wirtspezifisch. Der gesamte Magen-Darmwurm-Kreislauf vom Ei bis zum geschlechtsreifen Wurm dauert etwa einen Monat, bei kühlem Wetter auch länger. Temperaturen unter – 6 °C ertragen die Larven nicht *(siehe Diagramm 2, Seite 24).*

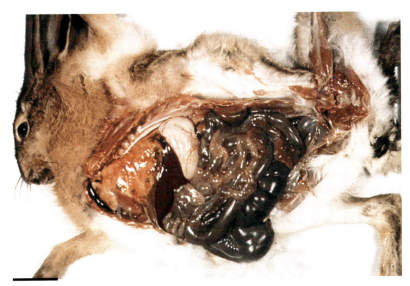

Bild 6

Hase mit Magen-, Darm- und Lungenwurm-Befall
Die Verteilung des Blutes ist umgekehrt wie bei dem Hasen-Bild Nr. 27.
Die Lunge ist sehr blutarm. Das wenige vorhandene Blut sitzt am
Entzündungsort, dem Dünndarm, daher ist in diesem Fall der Darm dunkel
gefärbt. Die Milz ist in Größe, Farbe und Konsistenz normal, sie liegt oben
hinter dem Magen. Am hinteren Rand der Lunge finden sich große bräun-
liche Knoten. Hier haben die Lungenwurmweibchen Tausende von Eiern
abgelegt und dadurch die so genannten Lungenwurmbrutknoten hervorgerufen. Es handelt sich dabei um chronische Lungenentzündungsherde.
Rechts unterhalb der Niere ist der Dünndarm rötlich-glasig verfärbt. Dort
haben die Magenwürmer zu einer chronischen Darmentzündung Anlass
gegeben. Bei dem Hasen wurden in einem Abstrich von 3 cm Dünndarm-
inhalt 123 kleine Magenwürmer gefunden. Blutarmut und chronische
Darmentzündung sind die Charakteristika von Magenwurmbefall.

Besonders Reh-, Muffel- und Gamswild, Hase und Kaninchen werden von Magenwürmern befallen. Bei diesen Tierarten kann
der Magen-Darmwurm-Befall zu schweren Verlusten führen, besonders dann, wenn der Wildbestand zu hoch oder die Ernährung des
Wildes mangelhaft ist (Winter), Jungtiere und überalterte Stücke sind
am häufigsten Opfer, weil sie noch keine Abwehrkräfte gebildet
haben oder diese durch schwächende Einflüsse (Hunger, Alter) nicht
bilden können.

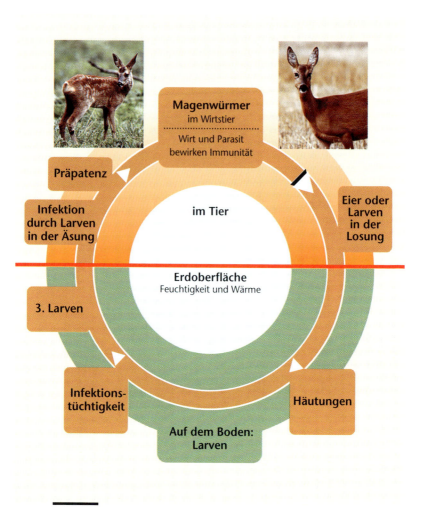

Magenwürmer
im Wirtstier

Wirt und Parasit
bewirken Immunität

Präpatenz

**Infektion
durch Larven
in der Äsung**

im Tier

**Eier oder
Larven
in der
Losung**

Erdoberfläche
Feuchtigkeit und Wärme

3. Larven

**Infektions-
tüchtigkeit**

Häutungen

**Auf dem Boden:
Larven**

Diagramm 2

Kreislaufschema Magenwurm

Die Diagnose erfolgt am besten in einer Sektion durch Nachweis der Würmer im Magen oder Darm. Losungsuntersuchungen (nur von ganz frischer Losung) sind weniger aussagekräftig. Man kann den Befall bekämpfen, indem man die Wilddichte reguliert und für gute Ernährung sorgt. Auch das Verabreichen von Medikamenten kann Hilfe bringen. Man sollte sich aber von einer medikamentellen Behandlung niemals Erfolg versprechen, wenn die Wilddichte zu hoch oder die vollwertige, artgerechte Ernährung während des ganzen Jahres nicht gesichert ist.

Besonders in Gattern und Gehegen kommt man ohne Medikamente nicht aus. Eine 4-malige Wurmkur pro Jahr kann in Gattern und Gehegen als Norm angesehen werden. Die Entwurmung des Wildes über Salzlecksteine hat sich bislang als unwirksam erwiesen, weil man nur eine zu niedrige Dosierung erreicht.

Für die Magenwurmtherapie bei Wildtieren haben sich in letzter Zeit folgende Präparate besonders wegen ihrer Verträglichkeit und Wirksamkeit bewährt (nur durch Tierarzt beziehen, Anweisungen beachten, vor Unbefugten schützen!):

Thibenzole, Mebenvet und Panacur. Die wirksame Substanz ist bei Thibenzolen das Thiabendazol, beim Mebenvet das Mebendazol und bei Panacur Fenbendazol. Bei allen Medikamentgaben ist auf die jeweilige Wartezeit zwischen Anwendung des Medikamentes und der Erlegung des zum Verzehr gewonnenen Wildbrets zu achten. Diese Zeit ist jeweils auf der Gebrauchsanweisung der Medikamente angegeben. Es werden fortlaufend weitere Medikamente erprobt.

Rotwurmbefall (Syngamose) bei Vögeln

Dem Rotwurm kommt besonders in Fasanerien eine große Bedeutung zu, da durch ihn hohe Verluste bei Jungvögeln auftreten können. Der Rotwurm siedelt sich in der Luftröhre an. Man kann die Weibchen mit bloßem Auge als blutrote, bis 2 cm lange Rundwürmer in der Luftröhre erkennen. *Bild 7.* Die Männchen sind sehr viel kleiner (0,6 cm), man findet sie in dauernder Verbindung mit dem Weibchen. Auf diese Weise erhalten die Wurmpärchen das Aussehen eines etwas schiefen Y. Rotwürmer können bei vielen Vogelarten gefunden werden, so bei Hühnervögeln, Sperlingen, Finken, Krähen. Man muss diese Vögel von Fasanenvolieren fernhalten, weil sie als Parasitenverbreiter in Betracht kommen.

Die Entwicklung des Rotwurmes geht wie folgt vor sich: Die geschlechtsreifen Würmer sitzen in der Luftröhre, dort legen die Weibchen ihre Eier ab, die ausgehustet oder abgeschluckt werden. Die Eier passieren dann den Darmkanal und gehen mit dem Kot ins

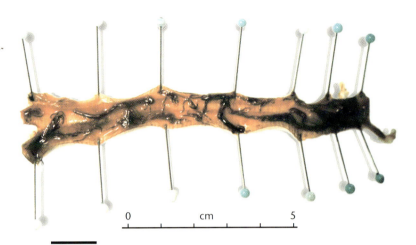

0   cm   5

Bild 7

Rotwurmbefall beim Rebhuhn
Die Abbildung zeigt eine aufgetrennte und mit Stecknadeln weit
ausgebreitete Luftröhre eines Rebhuhnes mit starkem Luftröhren-
oder Rotwurmbefall. Im vorliegenden Präparat ist die Verteilung der
Rotwürmer in der Luftröhre so, dass keine Erstickungsgefahr besteht.
Besonders gefährlich wird es für Küken, wenn sich die Rotwürmer an
der Gabelung der Luftröhre in den beiden Hauptbronchien ansam-
meln und zur Verlegung des Luftweges führen.
Die ziemlich großen Wurmweibchen sind blutrot, weil sie Blut sau-
gen. Man kann sie meist schon von außen durch die Luftröhren-
wand erkennen. Die Luftröhre ist durch den Wurmbefall gereizt und
enthält leicht-blutigen, zähen Schleim.

Freie. Dort entwickelt sich unter günstigen Bedingungen (Wärme ab
+15 °C und Nässe) innerhalb von 6 bis 14 Tagen eine Larve im Ei. Sie
ist sowohl im Ei wie in geschlüpfter Form infektionstüchtig.

Das bedeutet, dass frühestens am 6. Tag Kot von verseuch-
ten Tieren den Rotwurm zu übertragen vermag; ferner ist damit
gesagt, dass der Rotwurm keinen Zwischenwirt benötigt. Trotzdem
spielen bei natürlichen Invasionen Sammelwirte (Regenwürmer) eine
entscheidende Rolle. Sie übertragen dann die angesammelten Wurm-
larven auf den Vogel, wenn sie gefressen werden. In Regenwürmern
können sich die Larven bis zu 4 Jahren infektionstüchtig erhalten.
Die Rotwurmlarve wird vom Fasan oder von anderen Vögeln mit

dem Futter bzw. mit Regenwürmern aufgenommen. Die Larven durchbohren dann die Darmwand des Endwirtes und gelangen mit dem Blut über das Herz in die Lunge. Dort erfolgt noch eine kurze Weiterentwicklung, und schließlich nehmen die Würmer ihren endgültigen Sitz in der Luftröhre ein und beginnen am 14. bis 20. Tag nach der Infektion mit der Eiablage.

Der Befall in der Luftföhre mit Einzelexemplaren kann symptomlos bleiben. Stärkerer Befall ruft ein typisches – Niesen – und Kopfschlenkern hervor. Man hört das am besten abends, wenn die Tiere zum Ruhen übergegangen sind. Starker Befall verstopft die unteren Teile der Luftröhre (an der Gabelung) so stark, dass die Jungtiere schwere Atemnot haben und dann ersticken.

Eine Heilbehandlung kann mit vielen Magenwurmmitteln erfolgen. Man wiederholt die Rotwurmkuren dann nach 14 Tagen, um eine erneute Eiausscheidung der Rotwürmer zu verhindern. Am besten mischt man das Medikament mit einer Mischmaschine dem Futtermehl bei. Danach beträgt die Wartezeit, bis das Wildbret als Lebensmittel verwendet werden darf, 14 Tage. (Alle Medikamente nur durch Tierarzt beziehen, Anweisungen beachten, vor Unbefugten schützen!).

Trichinose

Die Trichinose ist eine durch sehr dünne Rundwürmer (Nematoden) von 1,5 bis 4,0 mm Länge verursachte Parasitose, die für den Menschen ernste Folgen in Form einer schmerzhaften Entzündung aller Muskeln haben kann. Ausgangspunkt der Trichinose ist ungekochtes Fleisch von Fleisch- oder Allesfressern, die mit Larven der Trichinen im Muskelfleisch behaftet waren.

Trichinen leben als geschlechtsreife Würmer im Dünndarm von vielen Säugetieren, wie Wild- und Hausschwein, Fuchs, Dachs, Hund, Marder, Iltis, Ratte, Maus, Katze, Bär und auch im Menschen. Die künstliche Infektion gelingt auch bei zahlreichen Pflanzenfressern. *Diagramm 3.*

Im Magen löst sich die Kapsel – so bereits eine vorhanden ist – der im Futterfleisch eingekapselten Trichinenlarven. Im Dünndarm reifen die Larven innerhalb von 2 bis 5 Tagen zu geschlechtsreifen Trichinen heran. Danach legen die Weibchen ca. 1 000 Larven in ihrem 4- bis 6-wöchigen Leben in die Lymphbahnen des Dünndarmes ab. Von hier wandern die Larven mit dem Blutstrom in alle Muskeln, besonders in die am besten durchblutete Muskelpartie im Zwerchfell und in den Läufen. Dort rollen sie sich ein und kapseln sich innerhalb von 5 Wochen ab. *Bild 8.* Nach frühestens 5 Monaten können

Befall mit Trichinenlarven in der Muskulatur eines Fleisch-
oder Allesfressers (Fuchs, Wildschwein, Marder, Ratte).

Tierkörper eines larvenbefallenen Tieres wird als Nahrung
(z. B. Fuchs, Wildschwein oder Mensch) aufgenommen.

Im Darm entwickelt sich die Trichinenlarve zu weiblichen
oder männlichen Trichinen (Rundwürmer) innerhalb
von 5 bis 6 Tagen.

Im Darm gebären die Weibchen ab dem 5. bis 50. Tag
etwa 1100 Larven.

Trichinenlarven werden aus der Darmwand mit dem
Blutstrom in die Muskulatur geschwemmt; am stärksten
in gut durchblutete Muskeln (Zwerchfell, Unterarm).
Dort bleiben sie jahrelang infektiös.

Ein anderes Tier oder der Mensch nutzen das larven-
befallene Tier (unerhitzt) als Nahrung.
*Die Larven in der Muskulatur können nur mit dem Mikroskop
erkannt werden.*

Diagramm 3
    Kreislauf der Trichinen

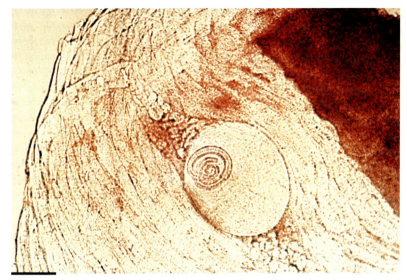

Bild 8

Trichinose einer Wildkatze

Das Bild zeigt eine mikroskopische Aufnahme eines
Quetschpräparates aus dem Zwerchfell einer Wildkatze (50fache
Vergrößerung). In der Muskelprobe liegt eine runde abgekapselte
Trichinenlarve; sie hat sich in der Kapsel eingerollt.

die abgekapselten Trichinenlarven verkalken. Sie bleiben in der Muskulatur viele Jahre infektionstüchtig; darin liegt die große Gefahr der Trichinose.

Nun braucht das mit Larven durchsetzte Fleisch nur noch von einem Fleisch- oder Allesfresser aufgenommen zu werden, und die Neuinfektion tritt ein. Damit ist klar, dass die Trichinen entgegen der sonst bei Rundwürmern zu beobachtenden Wirtspezifität ein sehr breites Wirtsspektrum haben. Alle Fleisch- und Allesfresser unterliegen seit 1877 in unserem Lande der Trichinenschau, wenn die Tiere zur menschlichen Ernährung verwendet werden. Für die Trichinenschau sind die dicksten Muskelstränge des Zwerchfelles direkt unter der Wirbelsäule im Tierkörper zu belassen. Zuständig für die Trichinenschau ist der amtlich bestellte Trichinenschauer am Erlegungsort bei Wild, in Ausnahmefällen der Trichinenschauer am Zerlegungsort. Die Trichinenschau hat vor der Zerlegung zu erfolgen.

Hauptträger von Trichinen sind bei uns in seltenen Fällen Schwarzwild, Füchse und Ratten. Anzeigepflicht einer Trichinose besteht nicht für den Jagdausübungsberechtigten. Trichinenfälle werden in der Statistik durch die Trichinenschauer erfasst.

Eine Heilbehandlung beim Menschen wird vom Arzt mit Magenwurmmedikamenten durchgeführt. Ihre Erfolgsaussichten sinken vom fünften Tage nach der Infektion an rapide, weil danach die Larvenablage bereits im Gange ist.

Haarwurmbefall

Es gibt sehr viele Haarwurmarten bei zahlreichen Tierarten. Sie gehören zu den Rundwürmern (Nematoden). Ihr Körper ist haarförmig dünn und bis 40 mm lang, deshalb findet der Laie sie kaum. Bei Wildtieren spielen sie eine bedeutende Rolle beim Fasan und beim Rebhuhn, bei Gänsen, Tauben und den Greifvögeln. Aber auch beim Rotwild und Dachs wurden Todesfälle durch Haarwurmbefall gefunden. Ihr Vorkommen wurde häufig beim Fuchs in der Blase, seltener in der Lunge nachgewiesen. Mufflons und viele Vogelarten können Haarwurmbefall aufweisen. Der Sitz der Haarwürmer ist meist der Dünndarm. Aber auch der Kropf und Schlund bei Vögeln und deren Blinddärme können befallen sein.

Die meisten Haarwürmer haben keinen Zwischenwirt in ihrem Entwicklungsgang. Bei den Haarwürmern des Kropfes der Hühnervögel sind Regenwürmer Zwischenwirte. Die Präpatenz beträgt 3 bis 4 Wochen.

Das auffälligste Merkmal des Haaarwurmbefalles ist eine je nach Befallsstärke mehr oder weniger ausgeprägte Blutarmut, verbunden mit einer Darm-, Kropf- oder Magenentzündung. Das geht oft so weit, dass die befallenen Tiere fast weiße Lungen haben, und dass bei der Zerlegung keinerlei Blut mehr abläuft.

Als Heilmittel sind verschiedene Medikamente wirksam. Über das Futter wird Mebendazol (Mebenvet, Janssen) mit 120 mg wirksamer Substanz je kg Futter 6 bis 10 Tage lang verabreicht. über das Trinkwasser gibt man Methyridin (Dekelmin, Cela, 4 ml auf 1l Wasser als alleiniges Trinkwasser). (Medikamente nur durch Tierarzt beziehen, Anweisungen beachten, vor Unbefugten schützen!).

Kreuzlähme des Rotwildes

Die Kreuzlähme oder Schleuderkrankheit tritt beim Rotwild auf. Erkrankungsfälle sind vor allem im Harz und in der Gegend von Wesel aufgetreten. In Ostpreußen, in der Lüneburger Heide, im Solling, im Kreise Hofgeismar und in anderen Gegenden wurden lediglich Einzelerkrankungen beobachtet.

Die Umwelt, in der Kreuzlähmefälle auftreten, zeigt also große Unterschiede, das Krankheitsbild ist aber charakteristisch. Es beginnt mit leichten Zuckungen, danach Schwäche in den Hinterläufen. Die befallenen Tiere schwanken zur Seite und knicken in den Hinterläufen ein. Oft sieht man auch eine sägebockähnliche Stellung der Läufe. Schnelle und seitliche Bewegungen in der Hinterhand fallen den betroffenen Stücken schwer. Dieser Zustand kann über Jahre bestehen bleiben. Er kann sich aber auch schrittweise verschlimmern und zu weitgehenden Lähmungen in den hinteren Rückenpartien führen, sodass die kranken Stücke oftmals hinten zusammenbrechen, während sie vorn ein normales Reaktionsvermögen aufweisen.

Das Charakteristische am Krankheitsbild sind Lähmungserscheinungen der Hinterläufe, die von einem geschädigten Rückenmark ausgehen. Dabei behalten die Vorderläufe ihre volle Funktionsfähigkeit.

Die Krankheit endet mit einer völligen Lähmung der Hinterhand bei immer noch gut erhaltener Funktionstüchtigkeit der Vorderhand. So bewegen sich die Stücke im letzten Stadium allein mit den Vorderläufen vorwärts und ziehen dabei die Hinterhand in Seitenlage nach. Dieser Zustand kann Monate dauern. Erst in diesem Stadium nehmen meist Lungen- und Darmwürmer bei den Stücken überhand, und es kommt zu schwerer Blutarmut. Auch Gelenkentzündungen treten durch Aufliegen ein. Diese Erscheinungen gehören aber nicht zum Bild der Kreuzlähme.

Es werden von der Krankheit Stücke jeden Alters und Geschlechts befallen. Bei der Sektion findet sich lediglich eine gallertartige Masse im letzten Drittel des Rückenmarkkanals und ein geringer Schwund der Rückenmarksubstanz mit einer leichten Grauverfärbung und Muskelschwund der Keulen. Bakterielle Erkrankungen sind häufig als Nebenbefund zu sehen, sie werden oft fälschlicherweise als Entstehungsursache der Kreuzlähme angesehen. Die Rundwürmer finden sich auch im Gehirn.

Man vermutet als Erreger bis 7 cm lange Rundwürmer, die im Zentralnervensystem parasitieren (Elaphostrongylus cervi).

Diese Wurmart ist mit den Lungenwürmern verwandt und hat auch einen ganz ähnlichen Kreislauf. Die geschlechtsreifen Würmer haben ihren Sitz in der Muskulatur oder im Zentralnervensystem, legen dort sehr kleine Eier in die Blutbahn, die in die Lunge eingeschwemmt werden. Von der Lunge aus geht die Entwicklung wie bei den kleinen Lungenwürmern weiter. Elaphostrongylus cervi ist ein häufiger Parasit bei Rotwild. Auch Ren und Elch erkranken daran.

Lungenwurmbefall

Lungenwurmbefall bewirkt eine meist chronisch verlaufende, herdförmige Entzündung des Lungengewebes und der Bronchien. Das befallene Lungengewebe erkennt man an seiner von der Norm abweichenden Farbe (weißlich-braun) und an Gewebeverdichtungen, besonders an den hinteren Spitzen der Lungenhauptlappen. Es gibt viele verschiedene Lungenwurmarten, die aber jeweils nur in ganz bestimmten Tierarten parasitieren. Sie gehören zu den Rundwürmern (Fam. der Metastrongyliden).

Lungenwurmerkrankungen kommen am häufigsten in Flussniederungen, sumpfig-feuchten Lagen und in Revieren mit zu hoher Wilddichte vor.

Das Lungenwurmweibchen legt in der Lunge seine Larven oder Eier ab, aus denen sich teils schon in der Lunge (Wiederkäuer, Hase), teils erst in der Losung (Schwein) Larven entwickeln. Die Eier oder Larven werden bis in den Rachenraum gehustet, dann abgeschluckt und gehen durch den Magen-Darm-Kanal mit der Losung ab. Eine direkte Weiterentwicklung der Larve auf dem Erdboden gibt es bei den großen Lungenwürmern der Wiederkäuer (Dictyocaulus). *Bild 9.* Bei genügend Feuchtigkeit und Wärme und nach zweimaliger

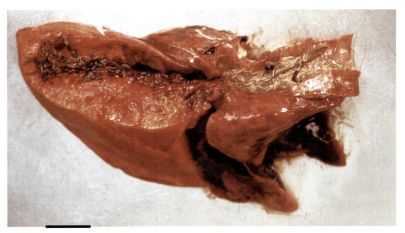

Bild 9

Lunge eines Jährlingsbockes mit Lungenwurmbefall
Die großen Lungenwürmer sind mit bloßem Auge sehr gut in der Luftröhre und den Bronchien zu erkennen. Zur Diagnosestellung schneidet man die Luftröhre, so weit es geht, auf. Einen so massiven Befall findet man fast nur bei Jungwild. Die Lunge ist genussuntauglich. Der Wildkörper kann untauglich sein wegen Abmagerung.

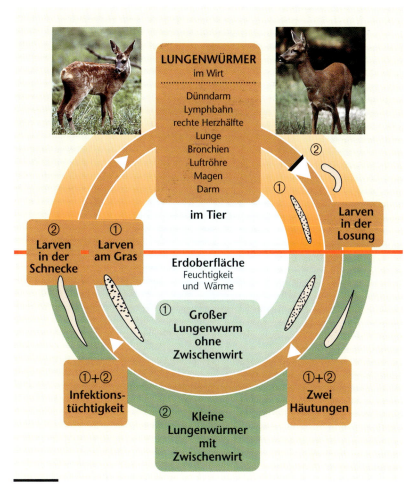

Diagramm 4
       Kreislauf der Lungenwürmer

Häutung am Erdboden sind sie in wenigen Tagen infektionstüchtig. Danach werden sie mit der Äsung aufgenommen. Diese Larven haben keinen Zwischenwirt und sind nicht winterfest. *Diagramm 4.*

       Die meisten Lungenwurmarten indes entwickeln sich über einen Zwischenwirt, zum Beispiel Schnecken bei den Wiederkäuern und Hasen und über Regenwürmer beim Schwarzwild. Entweder dringen die Larven aktiv in den Zwischenwirt ein, oder der Zwischenwirt frisst mit seiner Nahrung die Lungenwurmbrut, die sich in ihm

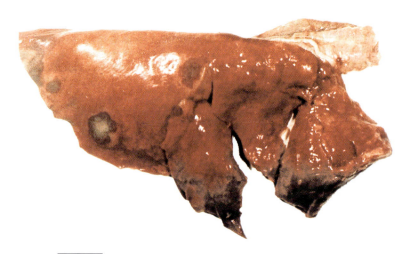

Bild 10

Rehlunge mit Befall kleiner Lungenwürmer

Vorweg muss zu diesem Bild gesagt werden, dass die Lunge wegen des Magenwurmbefalls sehr blutarm ist. In den drei Lungenspitzenlappen sind keine Lungenwurmknoten erkennbar. Das ist die Regel. Dagegen erkennt man im Hauptlappen mehrere braungraue Lungenwurmbrutknoten, die besonders in den hinteren Spitzen der Hauptlappen lokalisiert sind. Lungenwurmbrutknoten sind bei Rehen sehr häufig.

weiterentwickeln, aber nicht vermehren. Das Wild wiederum nimmt mit seiner Äsung den Zwischenwirt auf, und so gelangen die Parasiten in den Wildkörper.

Nach der Aufnahme durch das Wild bohrt sich die infektionstüchtige Larve durch die Dünndarmschleimhaut und wandert über die Darmlymphknoten und die Lymphgefäße zum Herzen und wird mit dem Blut in die Lunge eingeschwemmt, wo sie zum geschlechtsreifen Wurm heranreift. Die Präpatenz beträgt in der Regel 22 bis 25 Tage. Dort, wo das Wurmweibchen seine Eier in der Lunge ablegt, entstehen die so genannten Brutknoten im Gewebe (chronische Lungenentzündungsherde). *Bild 10.* Auch der Hase auf *Bild 6* zeigt solche Knoten.

Das einmal in der Lunge zerstörte Gewebe erlangt nie wieder seine Funktionstüchtigkeit. Die Beatmungsfläche der Lunge wird kleiner und die Leistungsfähigkeit des befallenen Tieres lebenslang geringer. Todesfälle allein durch Lungenwurmbefall kommen nur bei ganz massivem Befall vor. Der Hauptschaden ist ein Dauerschaden, nämlich Leistungsminderung und die Schaffung von Infektionspforten, durch die Bakterien oder Pilze in die Lunge gelangen können.

Die Bekämpfung aller kleinen Lungenwurmarten gestaltet sich als sehr schwierig, da es in den seltensten Fällen möglich sein dürfte, die Zwischenwirte zu vernichten und somit den Entwicklungszyklus zu unterbrechen. Eine Geländeentseuchung im Winter tritt nicht ein, weil sich die Zwischenwirte, zum Beispiel Regenwürmer, dem Frost entziehen. Es ist empfehlenswert, alles schwache und hustende Wild abzuschießen und außerdem dafür zu sorgen, dass das Revier nicht übersetzt ist. Medikamentell sind die Parasiten so schwer abzutöten, weil man mit den Medikamenten die Würmer in den Wurmknoten der Lunge schlecht erreichen kann.

Die Lunge von erlegtem Wild, das Lungenwurmbefall zeigt, ist als genussuntauglich anzusehen. Anzeigepflicht besteht nicht. Ein hoher Verseuchungsgrad deutet auf einen zu hohen Wildbestand.

Leberegelbefall

Vom Leberegelbefall wird vor allem das Wild befallen, das auf nassen Weiden äst oder sich an Gräben und auf Sumpfflächen aufhält. Der große Leberegel (Fasciola hepatica) lebt in den Gallengängen der Leber vieler Tierarten und hinterlässt dort schwere Schäden. Er ist ein blattförmiger Saugwurm von 20 bis 30 mm Länge und 8 bis 13 mm Breite, der sich nach vorn und hinten zuspitzt.

Die wirtschaftlichen Schäden durch Leberegel bei landwirtschaftlichen Nutztieren, vor allem Weiderindern, sind sehr hoch. Durch seine starke leberschädigende Wirkung stellt der Leberegel für das Wild, vor allem für die Wiederkäuer (Rot-, Dam-, Muffel-, Gams-, Rehwild) eine große Gefahr dar; aber auch Hasen werden durch ihn geschädigt. Leberegel sind zwar wenig wirtspezifisch, aber sehr zwischenwirtspezifisch. Darum kann sogar der Mensch befallen werden, wenn er mit Cysten behaftetes Gras kaut.

Die Diagnose kann man mit bloßem Auge stellen. Man macht zwei tiefe Einschnitte in die Leber und sieht die verdickten Gallengänge, aus denen sich bei Druck eine grauschleimige Masse entleert. Darin finden sich die Leberegel. *Bild 11* In der Losung können die Eier des Leberegels durch eine mikroskopische Untersuchung festgestellt werden. Dieser Nachweis ist aber weniger sicher, weil hier-

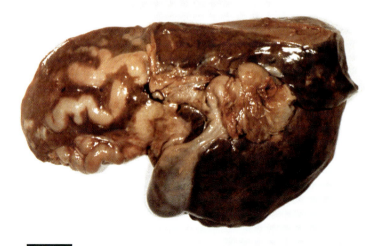

Bild 11

Leberegelbefall beim Muffelwild

Die Muffelwildleber ist dadurch gekennzeichnet, dass an der großen kompakten Wiederkäuerleber eine Gallenblase vorhanden ist. Die Leber ist stark fettig degeneriert; das erkennt man an der gelbbraunen Verfärbung. Die Gallengänge in der Leber erscheinen als stark verdickte, mit Eiter gefüllte Stränge. Befall mit großen Leberegeln schädigt das Lebergewebe stark.

bei etwa nur dreiviertel der tatsächlich befallenen Tiere ermittelt werden. Deshalb bleibt der direkte Nachweis in der Leber die sicherste Feststellungsmethode.

Die Entwicklung des Leberegels geht wie folgt vor sich:
Die Leberegeleier gehen mit der Gallenflüssigkeit in den Darm und von dort mit der Losung in die Außenwelt. Ein Leberegel kann bis zu 4 200 Eier pro Tag ablegen. Im Freien schlüpft im Wasser aus dem Ei nach 12 bis 20 Tagen bei mindestens +10 °C eine Flimmerlarve (Miracidium). Diese dringt in eine Zwergschlammschnecke (Galba truncatula) ein. Dort geht in 5 bis 16 Wochen eine ungeschlechtliche Vermehrung über verschiedene Zwischenstadien (Sporozysten, Redien, Cercarien) vor sich, sodass bis zu zweihundert Zwischenstadien aus einer Flimmerlarve in der Schnecke entstehen können. Die Leberegelbrut ist spezifisch an die eine Schneckenart gebunden. Es können sich auch nicht viel mehr als 600 Cercarien in einer Schnecke entwickeln, da sie für die Schnecke pathogen sind.

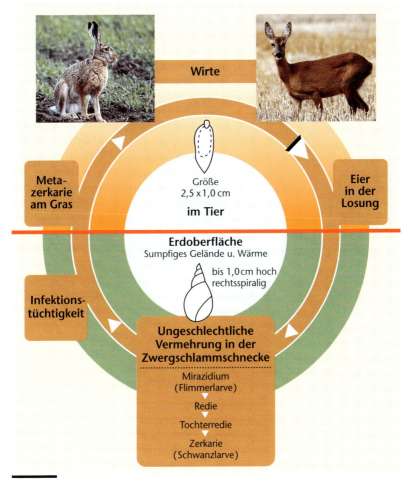

Wirte

Größe
2,5 x 1,0 cm

im Tier

Meta-
zerkarie
am Gras

Eier
in der
Losung

Erdoberfläche
Sumpfiges Gelände u. Wärme

bis 1,0 cm hoch
rechtsspiralig

Infektions-
tüchtigkeit

**Ungeschlechtliche
Vermehrung in der
Zwergschlammschnecke**

Mirazidium
(Flimmerlarve)

Redie

Tochterredie

Zerkarie
(Schwanzlarve)

Diagramm 5
Kreislauf des Leberegels

Hierin liegt eine natürliche Vermehrungsbegrenzung. Aus
der Schnecke wandern die Cercarien wiederum ins Wasser aus,
schwimmen an einen Grashalm, um sich dort als Cyste, die etwa wie
ein Sandkorn aussieht, anzuheften. Nur durch dieses Stadium erfolgt
die Infektion, entweder mit dem Gras auf der Weide oder mit Heu,
das auf infizierten Weiden gewonnen wurde.

Die Cysten sind an Gras bis zu 6 Monaten infektiös, an
Heu 4 bis 6 Monate je nach dessen Feuchtigkeitsgrad, in Silage bis

4 Wochen. Die Grashalme müssen zur Zeit der Cystenanheftung im Wasser gestanden haben. Überwinterung der Zwischenstadien im Zwischenwirt ist gut möglich, am Gras dagegen nur schlecht. Vom Darm des Endwirtes wandern die Leberegellarven über die Bauchhöhle in die Leber ein und entwickeln sich dort in 10 bis 12 Wochen zur Geschlechtsreife. Ein Leberegel kann bis zu 11 Jahre alt werden und produziert während seines Lebens bis zu 1 000 000 Eier.

Wichtigste Merkmale für den Leberegel sind: hohe Eizahlen, ungeschlechtliche Vermehrung im Zwischenwirt, Zwitter, keine Wirt-, wohl aber Zwischenwirtspezifität, Gebundenheit an sehr feuchte Gegend, langer Entwicklungsvorgang. Die Bekämpfung des Leberegels gelingt dadurch, dass man den Zwischenwirt, die Zwergschlammschnecke bekämpft, und damit den Entwicklungszyklus unterbricht. Für nasse Stellen ist deshalb eine Trockenlegung oder eine Geländebehandlung mit 1%iger Natriumpentachlorphenolatlösung (20 kg je ha) zur Schneckenvernichtung geeignet, am besten im März und April. Das Mittel vernichtet allerdings Frösche und Fische und darf deshalb nicht in Flüsse gelangen. Nach 14 Tagen ist es zersetzt. Geländeteile, die jährlich regelmäßig überflutet werden, sind zur Schneckenbekämpfung natürlich nicht geeignet. Eine Heilbehandlung zur Abtötung der Leberebel in der Leber beim Wild ist mit Ranide (Firma Sharp u. Dohme) möglich. Dosierung: 7,5 bis 10 mg je kg Körpergewicht = 3 ml Ranide je 10 kg Körpergewicht. (Nur durch Tierarzt beziehen, Anweisungen beachten, vor Unbefugten schützen!).

Neben dem großen Leberegel kommt selten der kleine Leberegel (Dicrocoelium lanceolatum) in den Gallengängen verschiedener Tiere (Pflanzenfresser) vor. Er steht an Bedeutung weit hinter dem großen Leberegel zurück. In seinem Entwicklungszyklus sind zwei Zwischenwirtarten notwendig, und zwar als erste Landschnecken und als zweite Ameisen, die vom Endwirt mit dem Gras aufgenommen werden und die Infektion vermitteln. Der kleine Leberegel erreicht 8 bis10 mm Länge und etwa 2 mm Breite. Er kommt nur auf warmen, kalkreichen und trockenen Weiden vor.

Bandwurmbefall

Bandwürmer gehören zur Klasse der Plattwürmer mit den Unterklassen der Saugwürmer (Beispiel: Trematoda, Leberegel) und der Unterklasse Bandwürmer (Cestoda). Die Bandwürmer sind Parasiten des Dünndarmes bei sehr vielen Wirbeltierarten und ziemlich wirtspezifisch, meist auch zwischenwirtspezifisch. Sie können sich also nur in ganz bestimmten Tierarten lebensfähig erhalten. In der

Bild 12

Bandwurmfinnen im Muskelfleisch eines Rehbockes
Innenseite eines Rehblattes mit Bandwurmfinnen des Hundeband-
wurmes Cysticercus cervi. *Bild 13* zeigt einen vergrößerten
Ausschnitt aus dem Rehblatt. Die Finnenblasen sind 1 cm groß und
beinhalten nur eine Bandwurmkopfanlage.

Regel werden ihre Larvenstadien, die Finnen, nur in einer oder in
wenigen verwandten Tierarten infektionstüchtig.

Die Bandwürmer sind Zwitter. Sie haben einen mit Saug-
näpfen und oft auch mit Haken ausgerüsteten rundlichen Kopf, dann
folgt ein dünnerer Hals und danach in verschiedener Länge ein
segmentierter, immer breiter und länger werdender Körper. Die Seg-
mente nennt man Bandwurmglieder. Sie enthalten komplette zwitt-
rige Geschlechtsorgane und damit auch Bandwurmeier. Die einzelnen Glieder können sich bewegen und lösen sich nach Erlangung des
nötigen Reifegrades vom Bandwurm ab. Mit der Losung gelangen sie
auf den Erdboden, von wo sie zur Weiterentwicklung durch einen
geeigneten Zwischenwirt aufgenommen werden müssen. Im Zwischenwirt bildet sich eine kleine oder auch große Blase, in der eine
oder mehrere (bei Ecchinococcus bis zu tausenden) Kopfanlagen bis
zu ihrer Infektionstüchtigkeit heranreifen.

Wird ein mit Finnen besetzter Zwischenwirt, *Bilder 12 und
13,* vom Wirtstier gefressen, so stülpt sich die Bandwurmfinne so um,
dass der in ihr gelagerte Bandwurmkopf nach außen gekehrt wird

Bild 13

Bandwurmfinnen im Muskelfleisch eines Rehbockes

Das Bild zeigt eine 8 cm lange Muskelprobe mit zahlreichen Hunde-Bandwurmfinnen (Cysticercus cervi). Das Reh ist also Zwischenwirt für den Hundebandwurm. Bandwurmfinnen zeichnen sich dadurch aus, dass in einer Bindegewebeblase mit wässrigem Inhalt ein kleiner weißer Bandwurmkopf zu erkennen ist. Es gibt verschiedene Bandwurmfinnen, die sich durch verschiedenen Sitz im Zwischenwirt und durch unterschiedliche Größe auszeichnen. Bei allen befinden sich die weißen Bandwurmkopfanlagen in einer Flüssigkeit enthaltenden Blase.

und damit die Haftorgane für die Anheftung an die Dünndarm-schleimhaut bereitstehen. Die Präpatenz beträgt meist 11 bis 12 Wochen. Dabei ist es gleich, ob der Bandwurm nur wenige Millimeter (Ecchinococcus) oder mehrere Meter lang wird.

Bandwürmer sind häufig bei Kaninchen und Wildkatze, häufiger noch bei Vögeln, Reh, Hase und Hund feststellbar. Die Hundebandwürmer spielen die wichtigste Rolle, da sie einerseits für den Menschen (Ecchinococcus, Zwischenwirt) gefährlich werden, zum anderen die Hunde erheblich belasten können.

Die Ecchinococcusarten des Hundes und Fuchses sind so klein, dass man ihre Glieder (3 bis 5 mm Länge) nur schwer finden kann. Sie kommen seltener vor und haben nur eine Lebensdauer von etwa 5 Monaten. Durch eine Finne kommt es wegen ihrer vielen Bandwurmkopfanlagen zu einer massenhaften Infektion. *Bild 14.*

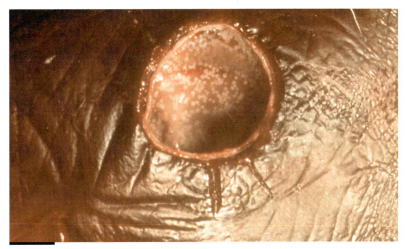

Bild 14

Ecchinococcus-unilocularis-Bandwurmfinne in einer Rehleber

Das Bild zeigt einen Teil einer Rehleber, in der eine hühnereigroße Blase unter der Oberfläche vorhanden war. Die obere Hälfte der Blasenwand wurde abgetrennt, damit man die Innenwand der Bandwurmfinne übersehen kann. Die Ecchinococcus-Finne zeichnet sich dadurch aus, dass aus ihrer Wand Tausende von Bandwurmköpfen herauswachsen. Auf dem Bild erkennt man diese Kopfanlagen als feine weiße Punkte. Frisst ein Hund oder Fuchs eine solche Finne, so wird durch sie eine Infektion mit massenhaft Bandwürmern vermittelt. Diese Bandwürmer sind sehr klein.

Ecchinococcus multilocularis, die Fuchsbandwurmfinne, hat für den Menschen nach Infektion wegen infiltrativem Wachstum meist in Leber oder Lunge große Gefährlichkeit. Das Vorkommen zeigt sehr stark steigende Tendenz. Der Hauptkreislauf geht vom Wirt Fuchs über verschiedene Mäusearten als Zwischenwirte. *Diagramm 6.* Hund und Katze können für diesen Bandwurm als Wirte auftreten, was besonders gefährlich für Menschen sein kann (Kot!). Hund und Katze von Mäusen fernhalten! Köder auslegen mit Droncit (Praziquantel), 20 Stück je km^2, werden zur Bekämpfung beim Fuchs empfohlen (Tierarzt hinzuziehen, Unbefugte fernhalten).

Zur Bekämpfung des kleinen Fuchsbandwurmes ist eine intensive Bejagung des Fuchses unerlässlich, denn mit der Erhöhung über das normale Maß hinaus bei allen Tierarten tritt auch eine Erhöhung des Parasitenbefalles auf.

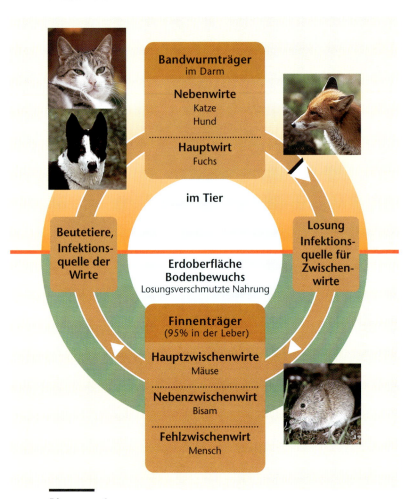

Bandwurmträger
im Darm

Nebenwirte
Katze
Hund

Hauptwirt
Fuchs

im Tier

Beutetiere, Infektionsquelle der Wirte

Losung Infektionsquelle für Zwischenwirte

Erdoberfläche Bodenbewuchs
Losungsverschmutzte Nahrung

Finnenträger
(95% in der Leber)

Hauptzwischenwirte
Mäuse

Nebenzwischenwirt
Bisam

Fehlzwischenwirt
Mensch

Diagramm 6

Kreislauf des kleinen Fuchsbandwurms
(Ecchinococcus multiocularis)

Der Mensch kann sich durch Verzehr jeglicher pflanzlicher Nahrung von der Petersilie aus dem Garten bis zu Waldfrüchten infizieren. Es muss nur Kontakt zu Hunde-, Katzen- oder Fuchslosung gegeben haben, die mit den Bandwürmern befallen waren. Eine Klärung der Infektionsquelle gelingt ganz selten, weil Krankheitsanzeichen durch die Finne meist erst nach Monaten oder Jahren beim

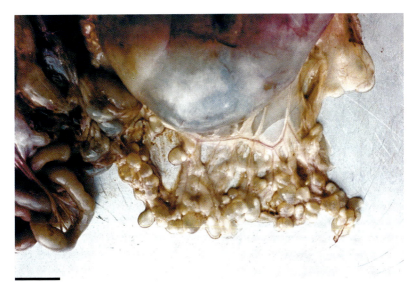

Bild 15

Hundewurmfinnen im Kaninchenmagen
Kaninchenmagen mit massenhaft Hundebandwurmfinnen (Cysticercus pisiformis) im Netz, das am Magen angewachsen ist. Die Finnen bestehen aus einer kleinen Blase mit einem weißen Bandwurmkopf in einer klaren Flüssigkeit. Bei Verfütterung an einen Hund erfolgt die Übertragung vom Zwischenwirt Kaninchen auf den Wirt Hund.

Menschen auftreten und die Bandwürmer beim jeweiligen Wirt (Hund, Katze und Fuchs) nur etwa ein halbes Jahr alt werden.

Bei den größeren Bandwürmern mit etwa kürbiskerngroßen Gliedern besteht für den Menschen keine Gefahr. Bei ihnen dienen als Zwischenwirte z. B. der Hundefloh, Kaninchen (weintraubenartiges Gebilde in der Bauchhöhle), *Bild 15,* oder auch alle Schalenwildarten je nach Bandwurm und Finnensitz im Zwischenwirt. Der geeignete Zwischenwirt ist in der Hauptbeutetierart (Raubtiere) oder in Kleintieren (Pflanzenfresser) zu suchen.

Räude

Räudeerkrankungen verschiedener Art führen durch wirtspezifische Räudemilben bei zahlreichen Tierarten zu Erkrankungen der Haut. Dabei werden bestimmte Hautpartien bevorzugt. Besonders häufig beginnt die Räude am Kopf. Die Räudemilben

Bild 16

Sarkoptesräude beim Rotfuchs
Haarlose, borkige, verdickte Hautpartien am Kopf, Keulen und
Lunte mit zunehmender Ausbreitung sind typische Räudeanzeichen.
An den betroffenen Stellen fallen die Haare aus. Im Foto oben
betrifft es besonders die Lunte.

gehören zu verschiedenen Arten; sie haben alle 4 Beinpaare, gehören
also zu der Klasse der Spinnentiere.

Räude ist ein Sammelbegriff von verschiedenen Krankheiten
mehrerer Tierarten, die mit borkigen Verkrustungen, Pickeln, Juckreiz
und Haarausfall einhergehen. Bei Wildtieren haben bisher nur die
durch Grabmilben in der Haut verursachte Sarkoptesräude bei Fuchs,
Gemse, Schwarzwild, Marder, Iltis, Frettchen und Waschbär und die
Ohrräude bei Fuchs, Marder und Frettchen eine Rolle gespielt.

Die Sarkoptesräude hat vor allem bei der Gemse und beim
Fuchs, große Bedeutung erlangt. *Bild 16.* Aber auch das Schwarzwild
kann bei ungünstigen Lebensbedingungen und zu hoher Wilddichte
höhere Verluste erleiden. Räude bricht meist nur in geschwächten
Wildbeständen aus. Sie ist also ein Anzeiger für schlechte Lebensbedingungen der betroffenen Wildbestände. Die Sarkoptesmilben verursachen eine Hautentzündung durch Bohrschäden in den oberen
Schichten der Haut. Es folgen darauf herdförmiger Haarausfall und
schrumpelige grau-borkige Erscheinungen auf der Haut, die sich
langsam immer mehr ausbreiten. Schließlich sind die befallenen
Tiere so haarlos, verkrustet und abgekommen, dass sie eingehen.

Die Entwicklung der Larven in der Oberhaut zur geschlechtsreifen Räudemilbe dauert bis zu 21 Tagen. Die Milben können etwa 14 Tage ohne Wirt am Leben bleiben. Jede der genannten Tierarten hat ihre spezifische Räudemilbenart. Die Übertragung der Räude erfolgt bei geschwächten Tieren besonders leicht durch Kontakt, weniger über Lagerstätten. Ihre Verbreitung – ohne offensichtliche Erkrankungen der Wildtiere – ist sicher recht erheblich, vor allem bei Gämse, Schwarzwild und Fuchs.

Eine Heilbehandlung für Tiere in freier Wildbahn ist nicht bekannt. Ein Abschuss aller kranken Stücke und eine Besserung der Lebensbedingungen und des Futters genügen, um das seuchenhafte Auftreten der Räude zum Verschwinden zu bringen.

Das Neguvon, ein Kontaktinsektizid, kann bei Einzeltieren mit Erfolg als Heilmittel angewendet werden. (Gebrauchsanweisung beachten, vor Unbefugten schützen!) Sarkoptesräude ist nicht anzeigepflichtig.

Rachenbremsenlarvenbefall

Die Rachenbremse oder Nasendasselfliege gehört, wie die Hautdasselfliege, zur Gruppe der Östriden (Insekten haben 3 Beinpaare). *Bild 17.* Die Fliegen haben einen goldgelben, behaarten Hinterleib, eine schwarze Binde von Flügelansatz zu Flügelansatz und einen plumpen Kopf. Sie sind 12 bis 16 mm lang. Die Schwärmzeit liegt in den Monaten Juni bis August. Im Fluge werden Larven enthaltende Tropfen an die Nasenöffnungen der Wiederkäuer abgelegt. Die weißlichen 1 mm langen Larven wandern in der Nasenhöhle empor. Während dieser Zeit äußern die befallenen Stücke den Juckreiz in der Nase durch Unruhe, Kopfschütteln und Niesen. Die Larven setzen sich im Nasen- und Rachenraum fest und sind mit bloßem Auge bis zum Spätwinter kaum auffindbar. Ihre Farbe ändert sich von Weiß über Gelb bis Hellbraun mit feinen schwarzen Punkten. *Diagramm 7.* In 10 Monaten reifen sie heran und erreichen in den Monaten April bis Juni eine Länge von 25 bis 30 mm. Dann werden die Larven dunkelbraun und ziemlich unbeweglich. In diesem Stadium werden sie ausgehustet, fallen auf den Erdboden und verpuppen sich auf der feuchten Erdoberfläche.

Nach 4 bis 6 Wochen Verpuppungsdauer, von Mai bis Juli, schlüpft die fertige Fliege. Die Fliege bevorzugt Jungwild als Ablageplatz für ihre Larven, zumal es wenig Erfahrung in der Abwehr hat. Auch krankes Wild wehrt sich nur schlecht gegen die Larvenablage, so kommt es, dass einzelne zur Zeit der Larvenablage geschwächte Stücke einen wahren Massenbefall aufweisen können, während

Bild 17

Rachenbremse des Rehwildes
Die Fliege von 15 mm Länge wurde auf feuchter Erde in einem
Weckglas aus einer Rachenbremsenlarve gezüchtet. Sie schlüpfte
nach 26 Tagen bei Zimmertemperatur. Die Fliege schwärmt im
Hochsommer und legt lebende Larven an der Nasenöffnung des
Rehes ab.

Bild 18

Rehbockkopf-Querschnitt mit Rachenbremsenlarven
Im Nasenrachenraum sind zahlreiche graue Rachenbremsenlarven
erkennbar. Dahinter erscheint die vergrößerte Rachenmandel. Die
Rachenbremsenlarven sind noch so unreif, dass sie nicht zur Verpuppung gelangen können. Erst dunkelbraune, ziemlich unbeweg-
liche Rachenbremsenlarven können sich in der Rachenschleimhaut
nicht mehr festhalten, sie werden ausgehustet und sind verpup-
pungsreif.

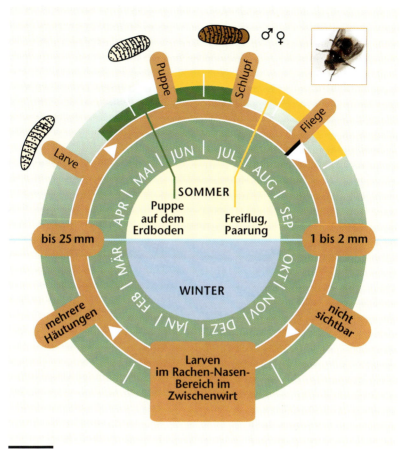

Diagramm 7

Kreislauf der Rachenbremsen

andere verschont bleiben. 30 bis 50 Larven in der Kopfhöhle rechnet man als starken Befall.

Es gibt eine ganze Reihe verschiedener Rachenbremsenarten mit unterschiedlichen Tierarten als Zwischenwirt. *Bild 18.* Befallen werden Reh, Elch, Rentier, Rotwild, Damwild, Schaf und Ziege. In der Bundesrepublik Deutschland ist das Rehwild die am meisten befallene Tierart. Keuchender schwerer Husten in den Monaten April bis Juni ist ein Zeichen für Rachenbremsen-Larvenbefall. Es ist möglich, dass ein Tier an den Larven erstickt. Bei der Bekämpfung der Rachenbremse ist frühzeitiger Abschuss (vor dem Reifwerden der Larven) allen kranken und hustenden Wildes wichtig. Die Rachenbremsen-Larven aus dem erlegten Wild müssen vernichtet werden. Wichtigste Abwehrmaßnahme: Erhaltung eines kräftigen und nicht zu hohen Wildbestandes. Es ist erwiesen, dass stark mit Magenwürmern oder Leberegeln befallene, d. h., geschwächte Tiere leichter befallen werden, weil sie die Fliege nicht energisch genug abwehren können.

Schwarzwild, Dachs und Igel nehmen die Larven vom Boden auf. Eine medikamentelle Behandlung gegen Rachenbremsen-Larven kann mit Ranide (Fa. Sharp u. Dohme) vorgenommen werden. (Nur durch Tierarzt beziehen, Anweisungen beachten, vor Unbefugten schützen!)

Dassellarvenbefall

In jedem Jahr zeigen sich im Spätwinter bei Reh, Rotwild und Rindern weißliche, segmentierte, wirtspezifische Larven in der Rücken-Unterhaut. Sie wachsen bis Mai/Juni allmählich zu einer Länge von 2,5 bis 3,0 cm und einer Dicke von 1,0 cm heran und bohren ein Atemloch in die Decke, durch das sie im Frühsommer herauskriechen, um zum Verpuppen auf den Erdboden zu gelangen. *Bild 19*. Das dauert 3 bis 5 Wochen. Nach dieser Zeit im Hochsommer schlüpft die fertige Dasselfliege (Hypoderma diana) beim Reh als wichtigste Dasselfliege bei Wild aus. Sie ist eine 11 bis 12 mm lange schwärzlich-graue Fliege mit gelbbraunen Beinen. Diese legen – je nach Art – ihre Eier am Haar der zugehörigen Zwischenwirte ab. Nach einigen Tagen schlüpfen die Larven und bohren sich in die Haut ein, um dann allmählich auf bislang unbekanntem Wege zum Rücken zu wandern. Während der Wanderung brauchen die Larven so genannte „Winterruheplätze"; denn erst im Frühjahr erscheinen sie in der Rückenunterhaut.

Besonders durch Parasiten oder Krankheiten geschwächte und junge sowie überalterte Stücke werden stark von den Fliegen heimgesucht, weil sie nur eine verminderte Abwehr gegen die Dasselfliegen zeigen. So kommt es bei schwachen Stücken oft zu wahrem Massenbefall.

Durch die Dassellarven entstehen erhebliche Gesundheitsschäden als Folge von Eiterungen aus den Dasselbeulen auf dem Rücken der Tiere. Ferner werden die Decken bei starkem Dasselbefall entwertet. – Die wirksamste Bekämpfung geschieht durch den frühzeitigen Abschuss derjenigen Stücke, die auf dem Rücken die Dasselbeulen erkennen lassen. Man kann die befallenen Stellen sehr gut auch auf weite Entfernungen erkennen. Dassellarven sollten sorgfältig vernichtet werden (verbrennen).

Bild 19

Dasselfliegenlarven des Rehwildes

Das Bild zeigt die Innenseite der Rückenhaut eines Stückes Rehwild mit verschieden großen Dasselfliegenlarven. Die Unterhaut ist entzündet und gerötet. In der Haut erkennt man mehrere runde Löcher, dabei handelt es sich um Atemlöcher von bereits zur Verpuppung ausgewanderten Dasselfliegenlarven. Diese Löcher heilen niemals wieder mit Hautgewebe zu, deshalb ergeben sich nach dem Gerben Löcher im Leder.

Die fleischbeschauliche Beurteilung bei Parasitenbefall geht meist dahin, dass das jeweils befallene Organ als **untauglich** und das Wildbret als **tauglich** für den menschlichen Verzehr anzusehen ist; es sei denn, dass schwerer Befall vorliegt, der das Wildbret durch Abmagerung oder Wässrigkeit beeinflusst hat.
Starker Muskelfinnenbefall oder Trichinose bewirken Untauglichkeit. Bei vereinzeltem Finnenvorkommen in der Muskulatur muss der Tierkörper erst tiefgefroren werden.

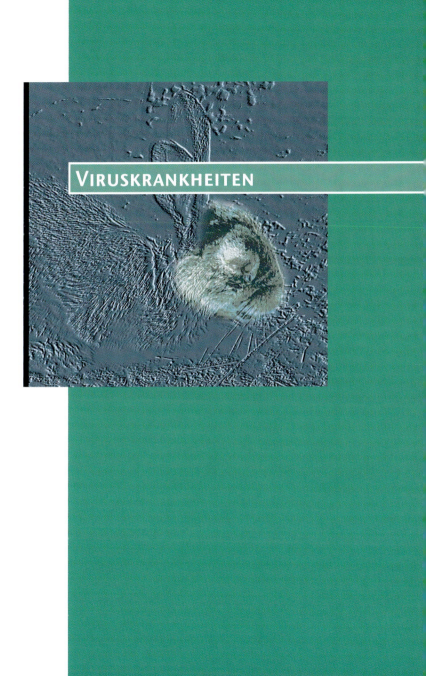

VIRUSKRANKHEITEN

Viruskrankheiten

Viruskrankheiten gewinnen bei Tier wie Mensch an Bedeutung. Durch neue medizinisch-technische Untersuchungsverfahren konnten bislang unbekannte Infektionen aufgedeckt werden, die z. T. auch unerkannt bei Wildtieren verlaufen können.

Tollwut

Die Tollwut ist nach dem Zweiten Weltkrieg, aus dem Osten kommend, zu einer wichtigen Wildtierseuche geworden, weil sie für den Menschen eine große Gefahr darstellt. In Tierbeständen treten mehr Einzelfälle auf. Erreger der Tollwut ist ein Virus, das vornehmlich im Nervensystem und der Speicheldrüse befallener Säugetiere aller Arten zu finden ist. Der fast ausnahmslos tödliche Ausgang der Seuche bei Mensch und Säugetieren ist bei der Beurteilung der Tollwut entscheidend.

Die amtlich festgestellten Tollwutfälle in der Bundesrepublik Deutschland stimmen nicht einmal annähernd mit den tatsächlichen Tollwutzahlen überein, denn die meisten tollwutbefallenen Tiere – vor allem Füchse – verenden unbemerkt irgendwo im Revier. Darum ist ein offiziell tollwutfreier Bezirk in Wirklichkeit oft gar nicht tollwutfrei. Dies trifft vor allem auf den Fuchsbestand zu, dessen Hauptregulator für einen ungeimpften Bestand die Tollwut ist. Die Tollwutverordnung schreibt vor, dass tollwutverdächtigem Wild nachzustellen ist, und es dann zu erlegen und unschädlich zu beseitigen.

Der Fuchs ist bei uns der entscheidende Tollwutverbreiter. Reh, Marder, Dachs sind häufiger betroffen, aber keine Ketteninfektionen; ebenso Rind, Katze, Hund. Einzelfälle von Tollwut gab es bei allen Säugetieren. Das Seuchengeschehen wird bestimmt durch Fuchsdichte und Durchimpfungsprozentsatz; regulierende Maßnahmen sind scharfe Bejagung und Köderauslage mit Impfstoff.

Verteilung der Tollwutfälle auf die am meisten beteiligten Tierarten

Wildtiere 80 %	Haustiere 20 %
davon	davon
Fuchs 60-65 %	Rind 6-12 %
Reh 6-14 %	Katze 3-12 %
Marder	Hund 3- 6 %
Dachs 6-14 %	sonst. 1- 3 %
u. sonst.	

Grundsätzlich ist das Vorkommen der Tollwut von der Höhe der Besiedlungsdichte durch den Fuchs abhängig. 1 Fuchs je 100 ha gerechnet – vor Erscheinen der Jungfüchse – erhält so gute Kontaktmöglichkeiten innerhalb des Fuchsbestands, dass die Toll-

Bild 20

Rehbock mit Tollwutverdacht

Der Rehbock hat sein noch nicht fertig geschobenes Gehörn zur Unzeit gefegt. Das verursacht große Schmerzen. Scheuerstellen am Kopf, vor allem auf der Stirn, erwecken Tollwutverdacht. Ein normal empfindliches Tier würde wegen der großen Schmerzhaftigkeit niemals das Gehörn zur Unzeit fegen.

wut nicht erlischt. Erst bei einem Fuchsbestand von 1 Fuchs auf 300 ha, und eine sehr rasche Verminderung der Jungfüchse im Frühjahr auf diesen Wert, bringt die Tollwutinfektionskette im Laufe längerer Zeit zum Abreißen und führt zur Tollwuttilgung. Es geht also um einen Tilgungsprozess, der mit Sicherheit einige Jahre in Anspruch nimmt und nur durch intensives Kurzhalten des Fuchsbestandes mit allen legalen Mitteln erreichbar scheint. Füchse antworten auf jede Verringerungsaktion mit einer erhöhten Vermehrungsrate, weil das Nahrungsangebot besser wird und parasitäre und virusbedingte Infektionen bei dünner Besiedlung weniger werden. Dem muss bei der Tollwutbekämpfung Rechnung getragen werden.

Tollwutverdacht wird durch folgende Symptome und Befunde erweckt: anomales Verhalten, Vertrautheit, Apathie, Lähmungen, Beißsucht, Kopfscheuerwunden, auffallender Magenbefund (entweder leer, wasserarm oder abnormer Inhalt), Schlucklähmungen, Hängen des Unterkiefers, Stimmveränderungen in Form eines heiseren Klanges oder Bellens; Herzschwäche bei negativem parasitologischem und bakteriologischem Befund. *Bild 20.*

Die Diagnosestellung erfolgt mit großer Treffsicherheit (98%ig) durch fluoreszenzmikroskopische Untersuchung, die mikroskopische Gehirnuntersuchung oder einen Tierversuch mit weißen Mäusen. Es gelingt im Allgemeinen nicht, durch Verfüttern von tollwutinfizierten Mäusen Füchse zu infizieren.

Die Impfungen von Hund und Katze mit alljährlicher Wiederholung sind anzuraten. Vor allem Jagdhunde sollten schutzgeimpft werden. Man muss nach Ablauf des Schutzes die Impfung wiederholen. Damit die geimpften Tiere im Reiseverkehr und bei der Jagd mehr Bewegungsfreiheit behalten. Dies gilt vor allem in Tollwutsperrgebieten. Ein Hund gilt als wirksam schutzgeimpft ab 4 Wochen nach der Impfung und bis 12 Monate lang danach.

Menschen sollten unbedingt nach einer Infektionsgefährdung – Biss, Kratzen oder mögliche Infektionen von Schleimhäuten mit Tollwutmaterial – mit Lebendimpfstoff aus menschlichen Zellkulturen behandelt werden. Das Impfrisiko ist gering. Man sollte den Rat einer staatlichen Impfstelle einholen. Wunden müssen bei Infektionsgefahr gut ausgewaschen werden. Desinfektionsmittel allein geben keinen Schutz. Wichtige gesetzliche Regelungen bei Vorkommen von Tollwut enthält die Verordnung zum Schutz gegen die Tollwut. Die Tollwutbekämpfung muss durch eine drastische und dauernde Fuchspopulations-Verminderung geführt werden. Deshalb ist schärfste Bejagung mit allen Jagdarten dringend geboten. Schluckimpfungen für Füchse in freier Wildbahn stehen dem Ziel der Besatzreduzierung im Wege. Sie sind aber durchführbar und verringern die Tollwutfälle erheblich. Eine Seuchentilgung gelang jedoch noch nicht. 20 Köder pro km^2 müssen zur Fuchsimpfung mindestens ausgelegt werden.

Von ganz besonderer Wichtigkeit ist die Schulung der Jäger über sämtliche Tollwutfragen, damit alle wissen, welche Bedeutung der Seuche als Gefahr für die öffentliche Sicherheit zukommt.

Für Tollwutbekämpfungsmaßnahmen sind die Amtstierärzte zuständig. Deshalb ist ihnen oder den Ordnungsbehörden Anzeige bei Tollwut und Tollwutverdacht zu erstatten.

Für die Tollwutdiagnostik sind ausschließlich die zuständigen staatlichen Veterinäruntersuchungsämter zugelassen. Geimpfte Hunde dürfen nicht mehr auf amtstierärztliche Anordnung getötet werden, wenn sie Kontakt mit tollwütigen oder tollwutverdächtigen Tieren hatten. Sie müssen dann aber unverzüglich erneut geimpft werden und für zwei Monate unter amtstierärztliche Beobachtung – nicht Quarantäne – gestellt werden.

Die Inkubationszeit bei Tollwut liegt zwischen (7)–20–60–(180) Tagen.

Aujeszkysche Erkrankung

Die Aujeszkysche Erkrankung oder auch Pseudowut ist wegen ihrer Bedeutung in Hausschweinehaltungen im Jahre 1980 anzeigepflichtige Seuche geworden. Der Erreger ist ein Virus, das im Zentralnervensystem und im gesamten Organismus vorkommt. Die Bedeutung der Erkrankung für die Jagd liegt einmal darin, dass durch ungekochtes Schweinefleisch von erkrankten Tieren Hund und Katze u. a. Haustiere tödlich erkranken. Zum anderen kann ein Schwarzwildbestand befallen werden. Der Mensch ist nicht empfänglich. Die Inkubationszeit beträgt 3 bis 6, maximal bis 10 Tage. Die Krankheitsanzeichen können tollwutähnlich sein. Dabei sind Ruhelosigkeit, Angst, Speichelfluss, taumelnder Gang, Juckreiz häufig. Der Tod tritt nach rapidem Kräfteverfall meist schon nach 2 Tagen ein. Die Diagnose wird an Hirnsubstanz mit Hilfe des Fluoreszenztests gestellt. Eine Impfung ist bislang nur beim Schwein möglich.

Schweinepest

Die afrikanische und die europäische Schweinepest werden durch zwei verschiedene Virusarten hervorgerufen; beide lösen nur beim Schwein Seuchen aus. Es sind zwei verschiedene Krankheiten und bewirken nach Erkrankung keine gegenseitige Immunität. Wir haben es zur Zeit mit der europäischen Schwei-

Bild 21

Niere eines Wildschweines mit Schweinepest
Die massenhaften feinen Blutungen sind sehr typisch bei
Schweinepest.

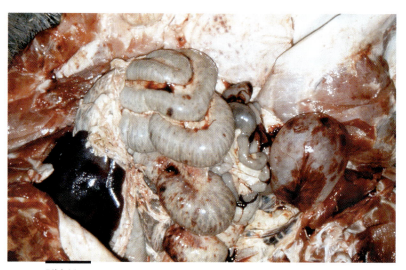

Bild 22

Blutungen in Bauchorganen
In den Bauchorganen erscheinen zahlreiche Blutungen, die hier so
deutlich sind, dass sie nicht übersehen werden können.

nepest zu tun. – Würde die afrikanische Schweinepest in unser Land eingeschleppt, so wären verheerende Haus- und Wildschweineverluste die Folge, weil unsere Schweine keine Abwehrstoffe gegen das Virus dieser Seuche haben. Die Inkubation beträgt 3 bis 5 Tage.

Die europäische Schweinepest hat schon öfter in Wildschweinbeständen zu einzelnen Seuchenzügen mit hohen Verlusten geführt. Sie wurde über Hausschweinkadaver oder Speisereste und Küchenabfälle auf Wildschweine übertragen und hat sich im Wildschweinbestand zu einer sehr bedeutenden Gefahr für Haus- und Wildschweinbestände entwickelt. Weil das Virus eine hohe Infektiosität besitzt, kommt es leicht zur Ansteckung beim Kontakt kranker mit gesunden Tieren oder durch Berührung infizierten Schweinefleisches. Ist die Schweinepest in einem Revier erst einmal ausgebrochen, so verbreitet sie sich sehr schnell im wildschweinebesetzten Bezirk, bis alle Tiere infiziert und durchgeseucht oder verendet sind. Sie endet an der Bestandsgrenze des Schwarzwildes oder dort, wo der Bestand so dünn ist, dass Kontaktinfektionen ausbleiben. Haben Tiere die Schweinepest überstanden, zeigen sie überwiegend eine stabile Immunität. Die Sterblichkeitsrate ist mit dem Stationärwerden der Schweinepest bei uns innerhalb der vergangenen 30 Jahre erheblich gesunken. Dies ist eine Parallelentwicklung zu anderen Viruskrankheiten und mit deren längerem Bestehen (Geflügelpest, Myxomatose).

Neue gesetzliche Bestimmungen haben dem Schwarzwild erweiterte Schonzeiten gebracht. Dies hat zu einer Bestandeserhöhung geführt. Dicht besetzte Reviere sind durch die Schweinepest besonders gefährdet. Deshalb sollte man sich hüten, einen zu hohen Schwarzwildbestand anwachsen zu lassen.

Die Widerstandsfähigkeit des Schweinepestvirus ist leider recht groß. Im gefrorenen Fleisch ist es jahrelang infektiös. Gepökelt überdauert es 6 Monate. Selbst faule Kadaver können 15 Tage lang infektiös bleiben. In Jauche bleibt das Virus höchstens 24 Stunden lebensfähig. Eine besondere Gefahr stellen infizierte aber nicht erkrankte Schweine dar; sie können über lange Zeit Virusträger und -ausscheider sein.

Der Krankheitsverlauf ist akut oder auch chronisch. Größere Verluste, herabgesetzte Aktivität und Aufmerksamkeit, Bewegungsstörungen, Verlust von Scheu und Durst können äußere Anzeichen der Pest sein. Man findet die erkrankten Tiere bevorzugt in der Nähe von Gewässern. Bei der Sektion zeigen sich Entzündungen in der Lunge und im Magen-Darm-Kanal, Blutungen vor allem in den Schleimhäuten der Lunge, des Magen-Darm-Kanals, der Blase, des Kehlkopfes und der Nierenrinde. Die Lymphknoten sind blutig infiltriert, das fällt am ehesten auf. *Bilder 21 und 22.* Infarkte in den Milzrändern sind als blutergussähnliche Gebilde häufig. – Bei der Bekämpfung der Schweinepest steht an erster Stelle das Ausschalten von Infektionsquellen, d. h. Beseitigen von Fallwild und Aufbrüchen. Küchenabfälle dürfen nur gekocht dem Schwarzwild zugänglich sein. Eine Vermehrung des Bestandes ist durch kräftigen Eingriff in die Frischlingsklasse zu verhindern.

Ist die Seuche bereits im Revier, so sollte man den erkrankten Bestand in Ruhe lassen, vielleicht sogar noch füttern, um ihn am Ort zu halten. Im weiten Umkreis sollte gründlich reduziert werden, also durch fallende Wilddichte der Ausbreitung entgegenwirken.

Die sehr große wirtschaftliche Bedeutung EU-weit wird durch umfangreiche Tötungen von Hausschweinbeständen nach Seuchenausbruch deutlich. Dazu kommen noch weitgehende Handelsbeschränkungen für Hausschweine. Für Wildschweine werden durch Verordnungen Auflagen für die Bejagung und Verwertung vorgeschrieben. Unter anderem dürfen keine Aufbrüche im Revier verbleiben. Unschädliche Beseitigung wird dafür angeordnet.

Impfungen gegen Schweinepest sind verboten. Ausnahmegenehmigungen können bei den Veterinärbehörden beantragt werden. Eine spezifische Heilbehandlung ist nicht bekannt. Neuerdings wird mit Impfködern eine Eindämmung der Wildschweinepest erprobt (Ringimpfung). Europäische und afrikanische Schweinepest sind anzeigepflichtige Seuchen, für sie gibt es eine spezifische Verordnung zum Schutz gegen die Schweinepest.

Myxomatose der Wildkaninchen

Die Myxomatose ist seit Jahrzehnten bekannt, hat aber erst seit 1952 in Europa Bedeutung erlangt. Die europäischen Wildkaninchen sind gegen Myxomatose sehr anfällig. Versuche in Australien und Neuseeland, Kaninchen durch künstliche Myxomatoseinfektionen zu bekämpfen, schlugen nach anfänglichen Erfolgen fehl, weil die Sterblichkeitsrate mit der Zeit sank.

1952 wurde in Frankreich ein Krankheitsherd künstlich geschaffen. Bereits 1953 traten von dort ausgehend verheerende Verluste bei Wild- und Hauskaninchen in ganz Frankreich auf. Schon bald war die Krankheit in England, Belgien, Holland, Spanien, Österreich und Deutschland verbreitet. Seit 1956 gehen die hohen Verluste zurück, und es scheint allmählich zum Erlöschen der so außergewöhnlich akuten Krankheitsverläufe zu kommen.

Bild 23

Myxomatose beim Wildkaninchen

Das Kaninchen zeigt einen verdickten Kopf, weil die Unterhaut gallertartig durchtränkt ist. Besonders stark tritt dies in der Regel am Ohrmuschelansatz auf.

Die Augenlider sind wegen einer starken Bindehautentzündung verklebt.

Dafür tritt die Myxomatose jetzt mehr stationär mit sich öfter wiederholendem Aufflackern auf. Aber die Verlustquote ist nicht mehr so hoch wie früher. In Deutschland ist die Myxomatose bisher nicht erloschen und zeigt auch keine dahingehende Tendenz. Der Erreger der Krankheit, ein Virus, breitet sich im gesamten Organismus aus und ruft schwere gallertige Ödeme in der Unterhaut, vor allem am Kopf (Löwenkopf), den Löffeln und um das Weidloch hervor. Die Unterhaut sieht aus wie gelbliche, klare, noch etwas flüssige Gelatine. Der Anfang der Krankheit zeigt sich nach 2- bis 5-tägiger Inkubation in Form einer Bindehautentzündung mit Verkleben der Augenlieder und Tränenfluss. *Bild 23*. Häufig stellt sich eine Lungenentzündung ein. Nach 8 bis 14 Tagen endet die Krankheit zu einem sehr hohen Prozentsatz tödlich – Nicht alle Tiere (Hase und Kaninchen) mit einem sogenannten Löwenkopf sind an Myxomatose erkrankt. Es kann sich in solchen Fällen – vor allem beim Hasen – auch um bakterielle Erkrankungen handeln. Myxomatosefälle beim

Hasen sind nur ganz selten beobachtet worden. Eine Behandlungsmethode erkrankter Tiere ist unbekannt. Eine Impfung mit Virusimpfstoff hat sich als wirksame Vorbeugung bei Kaninchen in Menschenhand bewährt. Bei Wildkaninchen könnten nur eingefangene Tiere (durch einen Tierarzt) geimpft werden.

Das Wildbret erkrankter oder an Myxomatose eingegangener Kaninchen ist nicht genusstauglich.

Der Infektionsweg geht:
1. durch direkten Kontakt mit erkrankten Tieren;
2. in der Mehrzahl der Fälle im Winter durch den Kaninchenfloh mit langsamer Seuchenausbreitung;
3. in der Mehrzahl der Fälle im Sommer durch fliegende und stechende Insekten. Diese Krankheitszüge breiten sich meist entlang einer Flussniederung und in Sumpfgegenden aus.

Mücken können mit dem Winde weit verweht werden und die Krankheit über große Entfernungen verschleppen. Aus dieser Tatsache erklären sich viele rätselhaft erscheinende, weit abgelegene Myxomatoseherde.

Die Sonne tötet das Virus in kurzer Zeit. Es ist aber sehr resistent gegen Desinfektionsmittel außer gegen Formalin. (Dieses nur nach Anweisung anwenden; vor Unbefugten schützen!) Anzeigepflicht besteht bei der Myxomatose der Wildkaninchen nicht. Eine Orientierung der Unteren Jagdbehörde ist ratsam.

RHD der Kaninchen

Hämorrhagische Erkrankungen der Kaninchen (Rabbit Viral Hämorrhagic Disease, RHD) bewirkt sehr hohe Verluste. Das Krankheitsbild ähnelt der Pasteurellose. Verursacher ist aber ein Virus. Der Nachweis erfolgt durch serologische Untersuchung. Zurzeit ist diese hoch akut verlaufende Krankheit die bedeutsamste überhaupt. Ihr Auftreten bringt Kaninchenbestände oft jahrelang an den Existenzrand. Die Diagnose ist sicher nur durch Fachinstitute zu stellen. Verdacht auf RHD besteht bei schnell auftretenden Verlusten aller Altersklassen nach Ausschluss von Myxomatose und Coccidiose. Anzeigepflicht besteht nicht.

EBHS bei Hasen

Nekrotisierende Leberentzündung beim Hasen (European Brown Hare Syndrome, EBHS) tritt seit 1984 in Deutschland auf, eine recht infektiöse Viruskrankheit mit höheren Verlusten. Der Durchseuchungsgrad ist erheblich. Das Krankheitsbild wird von der nekrotisierenden Leberentzündung beherrscht. Der Nachweis erfolgt serologisch in Fachinstituten.

Bei der Sektion oft gut genährter Hasen fällt eine etwas vergrößerte lehmgelbbraune Leber auf. Dazu besteht eine ausgeprägte Herzschwäche. Differentialdiagnostisch käme bei solchem Befund eine Vergiftung in Betracht. Es sind alle Altersklassen betroffen.

Geflügelpest

Es gibt zwei Geflügelpestarten. Die klassische Geflügelpest kommt bei uns nicht vor. Die sog. atypische Geflügelpest oder New-Castle-Krankheit hat eine so große Bedeutung, dass die Impfung auch des Wildgeflügels in Gefangenschaft durch VO vorgeschrieben ist, wenn Kontakt mit Haus- oder Truthühnern besteht. In Fasanerien ist die Impfung und Vorsicht bei Zukauf von Eiern oder Zuchttieren der beste Schutz. Eine Heilbehandlung gibt es nicht. Es besteht Anzeigepflicht. Ist Geflügelpest amtlich festgestellt, erfolgt die Tötung des Geflügelbestandes. Hinweisschilder und Sperrvorschriften sind weitere behördliche Maßnahmen. Die atypische Geflügelpest tritt bei vielen Haus- und Wildvögeln auf.

Bei der Sektion findet man oft nur sehr wenig. Schleimhautblutungen sind für Geflügelpest verdächtig. Die Infektion erfolgt durch Einschleppen des Virus mit infizierten Tieren, über freilebende Vögel, infizierte Eier oder mit Virus behaftete Gegenstände. Die Krankheitsfeststellung wird vom beamteten Tierarzt durch Sektion oder in den staatlichen Veterinäruntersuchungsämtern vorgenommen.

Geflügelpestfälle in freier Wildbahn sind in dicht besetzten Revieren bereits mehrfach vorgekommen. Der Bestand muss dann verringert werden, die Seuche muss sich totlaufen, bis alle noch vorhandenen Fasanen entweder durchgeseucht oder verendet sind.

Allgemeiner Hinweis auf Viruskrankheiten beim Geflügel:
Es gibt neben der Geflügelpest zahlreiche virusbedingte Krankheiten, die vor allem bei größeren Tieransammlungen besonders in Fasanerien vorkommen können. Es würde den Rahmen dieses Buches sprengen, wollte man all diese Geflügelkrankheiten besprechen. Es sei nur darauf hingewiesen, dass es gegen Viruskrankheiten nur zwei erprobte Mittel gibt: Das Wirksamste ist eine vorsorgliche Impfung, sie wird meist über das Trinkwasser verabfolgt und muss mit Nachimpfungen in ihrer Wirksamkeit

aufrechterhalten werden. Außerdem sind strengste Sauberkeit, Vorsicht bei Zukauf und die Trennung des Wildgeflügels von aus Hausgeflügelbrütereien zugekauften Tieren anzuraten.

Geflügelpocken und Taubenpocken

Pocken sind 2 verwandte Viruserkrankungen der Tauben, weniger die der Wildhühnervögel. Unter den Hühnervögeln ist in freier Wildbahn am häufigsten das Rebhuhn betroffen.

Jungtiere erkranken leichter, weil sie meist noch keine Immunität besitzen.

Die Pockenviren sind wahrscheinlich sehr weit verbreitet. Es erkranken aber verhältnismäßig wenige Tiere. So kommt es zu einer – stillen Durchseuchung – vieler Wildtaubenbestände.

Anzeichen, die für Pocken sprechen, sind Schnabeldeformationen, pockenartige Wucherungen und Borken am Schnabel und an den Ständern. *Bilder 24 und 25*. Es sind also die unbefiederten Teile der Haut betroffen. An den Zehen sterben große Hautbezirke ab, sodass sich die Vögel nicht mehr auf Baumästen halten können. Die Tiere sitzen oft unaufmerksam mit gesträubtem Gefieder herum, dies gilt vor allem für den Krankheitsbeginn oder für akute Verlaufsformen.

Eine Bekämpfung der Geflügelpocken beim Wild ist unbekannt. Anzeigepflicht besteht nicht.

Ornithose

Die Ornithose ist eine vor allem bei papageienartigen Vögeln sehr häufig vorkommende Viruskrankheit. Darum nennt man sie auch Psittakose oder Papageienkrankheit. Das Virus ist so groß, dass man es gerade noch mit dem Lichtmikroskop wahrnehmen kann. Als Heilmittel gegen Ornithose ist das Antibiotikum Tetracyclin mit Erfolg anwendbar (durch einen Arzt). Dies ist wichtig zu wissen, weil die Ornithose für den Menschen ansteckend ist; sie verläuft dann unter dem Bilde eines grippalen Infektes, oft auch mit einer kleinherdförmigen Lungenentzündung. Die Krankheit hat weltweit Bedeutung für Mensch und Tier. Vögel sind mehr oder weniger alle gefährdet. Besonders häufig wurde das Virus bei Tauben gefunden. Die erkrankten Vögel zeigen gesträubtes Gefieder, Fieber, verklebte Nasenlöcher und Durchfall. Die Milz ist vergrößert, die Leber lässt kleine Nekrosen erkennen, manchmal sieht man eine Bauchfellentzündung.

Die Infektion des Menschen geht vor allem von eingeatmetem Gefiederstaub erkrankter Vögel aus. Deshalb sollte man grund-

Bild 24

Bild 25

Taubenpocken bei einer Ringeltaube

Taubenpocken treten an den unbefiederten Teilen der Haut als Pocken und als Hautnekrosen auf. Das obere Bild zeigt einen Ringeltaubenkopf mit einer großen Pocke am Schnabelwinkel. Es kommt auch zu Schnabeldeformierungen.

Das untere Bild lässt große abgestorbene Hautpartien (Nekrosen) an den Zehen erkennen. Darum können sich erkrankte Tauben oft nicht auf Ästen festhalten.

sätzlich Vögel vor dem Rupfen anfeuchten, damit Staubinfektionen vermieden werden. Katzen, Kälber, Mäuse u. a. Tiere sind ebenfalls mit dem Ornithosevirus infizierbar.

Es besteht Anzeigepflicht.

Zeckenencephalitis

Die Zeckenencephalitis oder auch Frühsommergehirnhaut-Gehirn-Entzündung (FSME) ist eine seit Jahren aus dem Osten vordringende Gehirnhaut- und Gehirnentzündung beim Menschen. Den Erreger, ein Virus, hat man vor allem bei der Rötelmaus und dem Igel, aber auch beim Reh, bei Hauswiederkäuern u. a. Tieren gefunden. Klinisch erkranken von wildlebenden Tieren – soweit bekannt – Fuchs und Hausmaus. Hauptüberträger von Tieren auf den Menschen sind Zecken, vornehmlich der so genannte Holzbock (Ixodes ricinus). Diese Zecken und deren Larven leben vor allem im Walde, besonders aber im Unterholz an Waldrändern. Deshalb sind auch diejenigen Menschen am gefährdetsten, die sich viel im Walde aufhalten. Im Winter spielt die Krankheit keine Rolle, weil die Zecken in der kalten Jahreszeit nicht aktiv sind. Das Virus kann außerhalb eines Wirtes höchstens 6 Tage überleben; aber es überlebt die Umwandlung der Zeckenlarvenstadien zur geschlechtsreifen Zecke.

Die Gehirnhaut-Gehirn-Entzündung ist eine für Menschen recht gefährliche mit starken Kopfschmerzen und nervösen Störungen verbundene Erkrankung. Bislang tritt sie selten bei uns auf. Klinisch verläuft der FSME oft in zwei Phasen nach einer Inkubationszeit zwischen einer und drei Wochen ab. Das erste Krankheitsstadium in Form eines grippalen Infektes mit leichtem Fieber dauert meist 4 bis 6 Tage. Danach können 8 völlig beschwerdefreie Tage folgen. Erst die daran anschließende Phase bewirkt mit Fieber um 40 °C eine ziemlich gefürchtete Gehirnhaut-Gehirn-Entzündung von 3 bis 8 Tagen Dauer und endet in der weitaus größten Anzahl mit Heilung. 1 % der Fälle geht tödlich aus. Bei 10 % der Patienten kommt es zu Spätschäden im Zentralnervensystem. Bei Anzeichen unbedingt sofort den Arzt aufsuchen!

Bei der Heilbehandlung ist eine Hyperimmunserumgabe (durch einen Arzt), nur in der ersten Phase verabreicht, sinnvoll. Die Diagnosestellung erfolgt durch eine serologische Untersuchung des Blutes. Die Zeckenencephalitis ist eigentlich keine typische Wildkrankheit. Wildtiere sind aber das Virusreservoir. Als Überträger der Krankheit auf den Menschen wirken fast ausschließlich Zecken. Es gibt einige Gebiete in Deutschland, vor allem im Süden und Osten, die besonders betroffen sind. Deshalb ist dort eine Impfung anzuraten.

BAKTERIELLE KRANKHEITEN

Pseudotuberkulose der Nagetiere und Hasen

Die Pseudotuberkulose, auch Rodentiose genannt, ist eine weitverbreitete bakterielle Krankheit der Nagetiere. Sie kommt aber auch bei Vögeln, Rehen, Haussäugetieren und beim Menschen vor. Beim Hasen ist sie die verlustreichste bakteriell bedingte Krankheit. Der Erreger, Yersinia pseudotuberkulosis, ist ein stäbchenförmiges Bakterium, das durch Kochen sehr schnell abgetötet wird.

Der Verlauf der Krankheit ist entweder akut in Form einer Sepsis (Blutvergiftung durch Bakterien), die innerhalb weniger Tage tödlich endet – dabei findet man in den meisten Fällen eine akute Lungen-Magen-Darm-Entzündung –, oder der Krankheitsverlauf geht chronisch mit Bildung von feinen gelben Herden in der Lunge, der Leber, der Milz, den Nieren, den Lymphknoten und der Darmwand einher. *Bild 26.* Die gelben Herde sind von Hirsekorn- bis Erbsengröße und in der Mitte mit gelber, käsiger Masse gefüllt. Diese Krankheitsform kann natürlich auch jederzeit zu einer Sepsis führen. Sonst

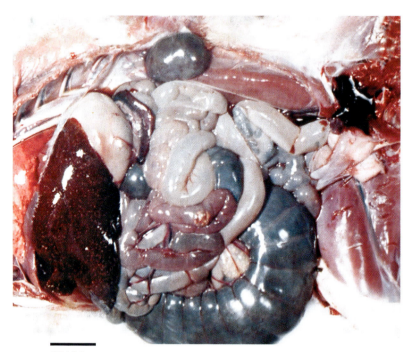

Bild 26

Subakut verlaufende Pseudotuberkulose beim Hasen
Beschreibung siehe nächste Seite.

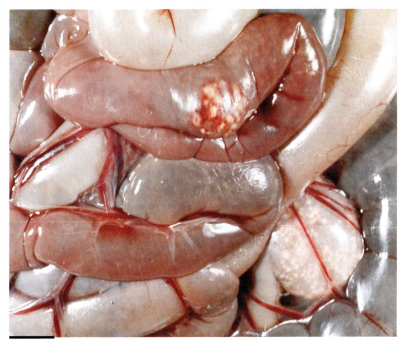

Bild 26 a (Detail)

Subakut verlaufende Pseudotuberkulose beim Hasen

Links im *Bild 26* erscheint der hintere Rand der sehr blutarmen
Lunge. Dahinter liegt die mit massenhaft feinsten gelben Herden
durchsetzte Leber. Dies ist charakteristisch für eine Pseudotuberkulose, die vom Darm ausgeht. Rechts oben hinter der Leber der
Magen und dahinter die vergrößerte Milz. Die Milz erscheint blau-
rosa. Das ist ein Zeichen dafür, dass der Blutspeicher Milz von Blut
weitgehend entleert ist. Etwas rechts neben der Mitte des Bildes
sieht man auf dem Dünndarm einen vereiterten Coccidioseherd.
Schräg rechts darunter, *Bild 26 a (Detail),* scheint durch das
Aufhängeband des Dickdarmes die Dünndarm-Dickdarm-Klappe,
in der auch feine gelbe Pseudotuberkuloseherde erkennbar sind.
Unten rechts in der Ecke ist das graugrün gefärbte große Organ der
Dickdarm. Die Blutgefäße des Darmes sind leicht gestaut.

gehen die Tiere bei chronischem Verlauf nach völliger Entkräftung und Abmagerung ein. Die Infektion erfolgt auf dem Verdauungs- oder Atmungswege nach Berühren verseuchter Artgenossen oder bakteriell verunreinigter Äsung.

In der Lunge kommt es oft zu Infektionen, weil Lungenwürmer dort Gewebeschäden gesetzt haben, durch die Pseudotuberkulosebakterien leicht in die Blutbahn eindringen können. Bei starkem Magenwurmbefall treten die ersten sichtbaren gelben Pseudotuberkuloseherde meist zuerst in der Dickdarm-Dünndarm-Klappe, *Bild 26 a,* und besonders in der Leber auf, weil der Blutweg vom Darm zur Leber führt und die Bakterien automatisch in die Leber eingeschwemmt werden.

Ein seuchenhafter Ausbruch der Krankheit tritt im Allgemeinen nach starken Belastungen der Hasen durch Parasitenbefall, schlechte Witterung oder Hunger ein. Die Krankheit erlischt wieder, wenn ungünstige Lebensbedingungen nicht mehr einwirken. Die Zusammenhänge zwischen der Pseudotuberkulose und anderen meist parasitären Erkrankungen sind bislang zu wenig beachtet worden. Die Bekämpfung bei großen Verlusten ist (Einzelfälle werden immer nach kräftigen Infektionen auftreten) am besten durch Verbesserung der allgemeinen Lebensbedingungen, Wurmkuren, Fütterung und Dezentralisierung der Fütterungen zu erreichen. Fallwild sollte verbrannt, tief vergraben oder einer Tierkörperbeseitigungsanstalt übergeben werden.

Die Diagnosestellung erfolgt in tierärztlichen Instituten (Veterinäruntersuchungsämter, Jagdkundeinstitute) mit Hilfe der bakteriologischen Untersuchung, wobei die Erreger der Pseudotuberkulose vor allem von denen der Pasteurellose zu differenzieren sind. Für erfahrene Jäger, die das pathologisch-anatomische Bild mit den feinen gelben Herden vor allem in der Leber und der stark vergrößerten Milz kennen, ist die Diagnosestellung nicht schwierig.

Bei Pseudotuberkulose ist eine amtliche Fleischbeschau erforderlich. Bei kleinen Tieren lohnt sich dies kaum. Die Tierkörper sind dann unschädlich zu beseitigen. *Bild 27.*

Pasteurellose

Pasteurellose tritt bei Hasen, Fasanen, Rebhühnern, Kaninchen u. a. jagdlich weniger bedeutsamen Tierarten im Zusammenhang mit ungünstigen Lebensbedingungen seuchenhaft auf. Im vorigen Jahrhundert zählte die Pasteurellose zu den großen verheerenden Seuchen unserer Haus- und Wildtiere. Dies hat sich grundlegend geändert, indem seuchenhaftes Auftreten seltener geworden ist und

Bild 27

Pseudotuberkulose Hase subakute Form

Herz sehr schlaff, Blutgefäße am Herzen gestaut. Die stark gestaute Lunge mit schwarzrotem verbrauchtem Blut zeigt einen Herzschwächetod durch Konzentration des Blutes im kleinen Kreislauf an.

Der Magen-Darm-Kanal ist auffallend hell, weil er vom Blut evakuiert ist. Das gehört ebenfalls zum Bild einer Herzschwäche. Die Leber ist leicht vergrößert. Der Magen wird von vorn weitgehend durch die Leber und von hinten durch die sehr stark vergrößerte Milz verdeckt. Die Milz ist etwa auf das 15fache der Norm vergrößert.

Eine vergrößerte Milz ist im Allgemeinen ein Anzeichen für eine bakterielle Infektion – hier Pseudotuberkulose, die für den Menschen ansteckend sein kann. Der Darmkanal und die Nieren bieten außer der Blutarmut keine Besonderheiten. Am Beckeneingang erkennt man die beiden Hoden.

weniger Verluste bringt. Der Krankheitserreger, ein stäbchenförmiges Bakterium (Pasteurella multocida), kann im Blut und in allen Organen in großen Massen gefunden werden und gibt zu einer Blutvergiftung durch den Krankheitserreger (Hämorrhagische Septikämie) Anlass. Kochen tötet die Bakterien sofort. Sonnenlicht und Trockenheit vernichten sie schnell. Die Ansteckung erfolgt über die Atmungs- oder Verdauungswege mit der Äsung. Bei der Sektion findet man in den meisten Fällen eine Lungen-, Brustfell- und Herzbeutelentzündung mit Verkleben von Lunge, Brustfell und Herzbeutel

Bild 28

Frischlingslunge
Großer Abszess verursacht Pasteurella multocida (Pasteurellose) nach chronischer Lungenentzündung mit Brustfellbeteiligung.

sowie eine Bronchitis. Die Milz ist mäßig geschwollen und schwarz-rot-breiig. Die Leber hat ein trübes, verwaschenes Aussehen. Der Herzmuskel ist schlaff und erscheint braun und brüchig. In der Mehrzahl der Fälle besteht eine schleimig-wässrige Magen-Darm-Entzündung. Findet man das oben beschriebene Bild, so ist der Krankheitsverlauf nicht allzu rasch (subakut) gewesen. Bei Erkrankungsfällen mit einem sehr raschen Verlauf (akut) findet man beim Zerlegen oft nur feinste Blutungen in den inneren Organen und eine leichte Milzvergrößerung. Bei ausgesprochen chronischem Verlauf stehen Abmagerung sowie Abszessbildung in der Lunge *(Bild 28)* und in anderen Organen im Vordergrund des Krankheitsablaufs. Die sichere Diagnose kann nur mit Hilfe einer bakteriologischen Untersuchung gestellt werden. Diese Krankheit ist eine der häufigeren Hasenkrankheiten. Sie kann zu größeren Verlusten führen, besonders dann, wenn der Tierbestand ungünstigen Lebensbedingungen ausgesetzt war (wie Parasitenbefall, Äsungsmangel, Nässe).

Die Krankheit kommt zum Stillstand, wenn die allgemeinen Lebensbedingungen sich wieder gebessert haben (gute Ernährung, Trockenheit usw.).

Verendet gefunden Hasen sind unschädlich zu beseitigen oder tief zu vergraben, falls sie nicht als Untersuchungsmaterial Fachinstituten (Veterinäruntersuchungsämter, Tierseucheninstitute, Institut für Wildforschung) eingesandt werden sollen. Die Krankheit ist für den Menschen nicht ansteckend, dennoch ist jeder offensichtlich an dieser Krankheit erkrankte Hase bei der Fleischbeschau als untauglich zu beurteilen. *Die Geflügelcholera ist eine Pasteurellose.*

Salmonellosen oder Paratyphosen

Salmonellen sind Bakterien, die in mehreren hundert verschiedenen Arten auf der Welt nachgewiesen wurden. Es handelt sich dabei um Verursacher mehr oder weniger spezifischer Tierkrankheiten, wie z. B. die weiße Kükenruhr oder von Darmentzündungen bei vielen Tieren, von den Vögeln (Tauben, Eulen) bis zum Haarwild (Schwarzwild). Die Salmonellenarten bilden Giftstoffe in unterschiedlicher Art und können bei Tieren zur Sepsis mit tödlichem Krankheitsverlauf führen. Für den Menschen sind die Salmonellen – außer dem Typhuserreger – keine Erreger spezifischer Krankheiten. Vielmehr bilden die Salmonellen im Darm des Menschen Giftstoffe, die für ihn außerordentlich ernste Vergiftungen hervorrufen können. Aus diesem Grunde stellt mit Salmonellen durchsetztes Tierfleisch eine große Gefahr für den Menschen dar. Tiere mit Durchfall sind immer als mögliche Salmonellen- und damit als Fleischvergiftungsträger anzusehen.

Der Darm eines gesund erscheinenden Tieres kann sehr wohl Salmonellen enthalten. So können Dauerausscheider unerkannt bleiben. Oft tritt eine Salmonellose als Sepsis (Erregerstreuung im ganzen Körper) erst dann ein, wenn das betroffene Tier als Folge ungünstiger Einflüsse geschwächt war.

Hauptsächlich aus diesem Grunde wurde bei kranken Tieren die so genannte bakteriologische Fleischbeschau vorgeschrieben, damit Salmonellenträger nach der Schlachtung ermittelt werden können und so Fleischvergiftungen verhindert werden.

Die so genannte weiße Kükenruhr ist eine in Fasanerien sehr gefürchtete Salmonellose mit hoher Verlustrate.

In jedem Falle von Salmonellose ist Fleischbeschau erforderlich, die meist zur Beurteilung – untauglich – führt.

Bei der Versorgung von Haar- und Federwild ist ganz besonders auf eine eventuell vorliegende Darmentzündung mit dünnflüssiger Losung in Kombination mit einer vergrößerten Milz zu achten. Natürlich muss dem Jäger die Größe, Farbe und Konsistenz einer normalen Milz bekannt sein. Darauf muss bei Salmonellose besonders geachtet werden, weil dies oft die einzigen Symptome bei Salmonellose sind.

Tularämie

Die Tularämie ist eine in der Bundesrepublik seltener und regional auftretende Krankheit vor allem bei Nagetieren, aber auch vieler anderer Wild- und Haustiere. Zugvögel können die Tularämie aus nordischen Ländern einschleppen. In Norwegen ist sie als – Lemmingseuche – bekannt. Ihre Bedeutung liegt darin, dass der Mensch recht empfänglich für diese Krankheit ist. Die Infektion geht bei uns fast immer von infizierten Hasen oder Kaninchen aus. Auch eine indirekte Übertragung vom Tier auf den Menschen durch stechende Insekten ist möglich. Krankheitserreger ist ein sehr kleines Bakterium, das durch Kochen sofort abgetötet wird und empfindlich gegen alle gebräuchlichen Desinfektionsmittel ist. An künstliche Nährböden stellt es hohe Ansprüche.

Beim Menschen verläuft die Krankheit bei großer Abgeschlagenheit mit Schüttelfrost, Fieber und auffallend langer Erholungszeit. Die Lymphknoten schwellen, und es zeigt sich eine Milzvergrößerung. Bei Menscheninfektion besteht Meldepflicht (§ 3 Bundesseuchengesetz). Bei Tieren, vor allem Hasen, Kaninchen, Ratten, zeigen sich Lymphknotenschwellung und Verkäsung, kleine gelbe Herde in Leber, Lunge und Milz sowie starke Milzvergrößerung. Hat man diese Krankheitsanzeichen bei Hasen, sollte man deshalb sehr vorsichtig sein und das Wildbret nicht weiter verarbeiten. Bei Menschenerkrankungen nach Kontakt mit solchen Tieren sollte man auf jeden Fall seinen Arzt auf mögliche Zusammenhänge hinweisen. Nur durch serologische und bakteriologische Untersuchung lassen sich Tularämie, Pseudotuberkulose und Tuberkulose sicher voneinander abgrenzen. Der Krankheitsverlauf kann bei Tier und Mensch sowohl akut als auch chronisch sein.

Anzeigepflicht bei Tularämiefällen beim Wild besteht nicht. Die fleischbeschauliche Beurteilung ist in jedem Falle untauglich.

Staphylokokkenerkrankung

Staphylokokken sind in der Natur sehr weit verbreitete Kugelbakterien verschiedener Arten, die vor allem beim Hasen, selten aber auch beim Kaninchen und Schalenwild zu fortschreitenden Eiterungen in der Haut, der Lunge oder verletztem Gewebe führen. Die am meisten gefundenen Erreger sind Staphylococcus pyogenes albus und Staphylocossus pyogenes aureus.

Als selbstständige Erkrankung dürfte die Staphylokokkose selten auftreten. Aber nach Verletzungen, Entzündungen und Bohrschä-

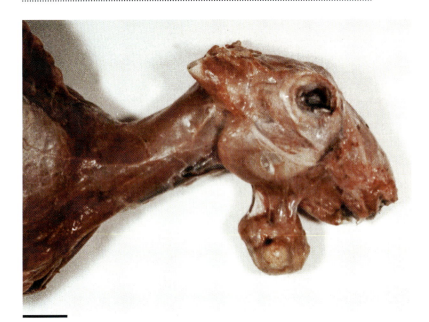

Bild 29

Hasenkopf mit vereitertem Lymphknoten unter dem Kinn

Der Rammler wies bei der Sektion Kratzwunden an der Nasenspitze
auf. Die Folge war Vereiterung des zugehörigen Lymphknotens.

den von Lungenwürmern im Lungengewebe treten Infektionen mit
Staphylokokken häufig ein und führen zu fortschreitenden eitrigen
Entzündungen im betroffenen Gewebe und den zugehörigen Lymphknoten. *Bild 29.* Der Eiter sieht bei der Staphylokokkose gelb-käsig aus.
Er ist aber nicht bröckelig-trocken, wie oft bei den Brucellosen (seuchenhaftes Verwerfen), sondern zähschmierig und stinkt nur wenig,
im Gegensatz zu dem von Corynebacterium pyogenes erzeugtem Eiter.

Bei der Fleischbeschau können nur vereinzelte gut abgekapselte Abszesse toleriert werden. Sie müssen sauber entfernt werden.

Staphylokokkenerkrankungen treten nicht seuchenhaft auf.
Sie unterliegen nicht der Anzeigepflicht.

Brucellosen

Brucellose, eine durch sehr kleine Bakterien (Brucellen) her-
vorgerufene Seuche, ist sehr weit unter den verschiedensten Tieren
und auch beim Menschen verbreitet. In der Bundesrepublik Deutschland ist sie in den letzten Jahren nach einer umfangreichen Til-

Bild 30

Ricke mit Lymphknotenvereiterung

Die Nasenspitze der Ricke ist deutlich vergrößert. Man erkennt
Eiterabfluss im Einschnitt an der Nasenspitze. Die Ricke hatte sich
ein Stück Draht in die Oberlippe eingestochen und es kam zur
Eiterung. Die zugehörigen Lymphknoten filterten die abfließende
Lymphe ab und wurden dadurch selbst infiziert, ungewöhnlich
vergrößert und vereiterten ebenfalls.

Dieses Bild kann stellvertretend für Eiterungen in allen Körperbe-
zirken angesehen werden, weil fast alle Organe ihren zugehörigen
Lymphknoten haben und diese bei Abzessbildungen Giftstoffe und
Eiterbakterien aufnehmen. Dabei vergrößern sich die Lymphknoten
immer und zeigen dem Betrachter an, dass im Abfilterungsgebiet
des betroffenen Lymphknotens ein krankhafter Prozess abläuft.

gungsaktion bei Rind und Schwein selten geworden. Gleichlaufend
sind auch beim Wild die Erkrankungsfälle gesunken. Dies deutet ganz
eindeutig auf Zusammenhänge von Haustier- und Wildtierbrucellose
hin. Haustiere stellten dabei das Reservoir. Die Brucellen kommen in
drei Arten vor und erzeugen beim Rindvieh und beim Schwein seuchenhaftes Verwerfen. Als dritte Krankheit ist das Maltafieber
bekannt. In Deutschland wurden beim Hasen die gefundenen Bru-
cellenstämme entweder als Erreger des seuchenhaften Verkalbens

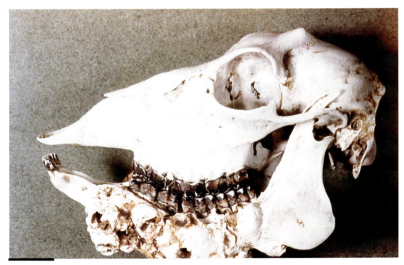

Bild 31

Aktinomykose (Strahlenpilz) bei einer Ricke im Unterkiefer
Einseitige starke Auftreibung des Unterkiefers. Der Knochen ist nicht
kompakt, sondern typisch mit vielen runden Abszessen, die mit
gelbgrauem, nicht flüssigem Eiter gefüllt sind, durchsetzt. Die
Abszesse sind von einer porösen, dünnen, knöchernen Kapsel umgeben. Ausgangspunkt ist die beim Zahnwechsel entstehende
Zahnlücke zwischen dem 4. Prämolaren und dem 1. Molaren. Nach
dem Abkochen erkennt man die vielen runden Abszesshöhlen im
aktinomykotisch veränderten Knochen. Die Knochenverdickung,
aber auch die Brüchigkeit, schreiten unaufhaltsam fort.

oder des seuchenhaften Verferkelns identifiziert. Die Brucellose verläuft meist langsam mit fortschreitender Abmagerung. Sie ruft vor
allem im Tragsack oder in den Hoden gelb-käsige Herde hervor. Die
Milz erscheint ungewöhnlich stark vergrößert. In der Milz, den Nieren und der Leber, oft auch in der Lunge, finden sich gelbe käsige
Knoten. Ein sicherer Nachweis ist nur nach einer Untersuchung in
einem geeigneten Institut durch eine bakteriologische Untersuchung
möglich. Die Diagnosesicherung durch eine bakteriologische Untersuchung dauert mehrere Tage, weil die Brucellen erst nach dieser Zeit
sichtbare Kolonien liefern. – Vermutlich erfolgt die Infektion auf der
Weide durch Aufnahme von brucellenverschmutztem Futter. Beim
Rammeln wird die Krankheit dann von Hase zu Hase weiterverbreitet.
Die Brucellose kommt beim Hasen verhältnismäßig selten vor. Bei

Bild 32

Abszessbildungan einer Backenzahnwurzel
Im Gegensatz zum Strahlenpilz ist hier eine knochenummantelte Abszesshöhle zu erkennen. Sie geht von der Wurzel des linken P4 aus. Der Eiter hatte sich an zwei Stellen Abfluss nach außen verschafft. Man kann dies an einem großen Loch im knöchernen Abszessmantel sehen. Der Unterkiefer stammt von einem Jährlingsbock. P4 ist nicht gewechselt. *Vergleich zu Bild 31.*

Verdacht sollten Hasen entweder als Untersuchungsmaterial geeigneten Instituten eingeschickt oder aber tief vergraben (mindestens 50 cm) und verwittert werden, zumal sie als Ansteckungsquelle für Mensch und Tier dienen können.

Die Fleischbeschau führt zur Beurteilung untauglich.

Strahlenpilzerkrankung

Strahlenpilz oder Aktinomykose kommt beim Schalenwild ab und an als Einzelerkrankung vor. Seuchenhaftes Auftreten ist bei dieser Krankheit unbekannt. Deshalb ist die Aktinomykose für Wildbestände unbedeutend. Ein betroffenes Einzeltier dagegen geht nach langer unaufhaltsam fortschreitender Krankheit zugrunde. Auch der Mensch kann sich vor allem durch Kauen an Grashalmen infizieren.

Als Erreger gelten hauptsächlich die zwei Bakterienarten Actinomyces bovis und Actinobazillus lignieresi, wobei die erste hauptsächlich Knochenaktinomykose und die zweite Weichteilaktinomykose verursacht. *Bild 31.* Beide Aktinomykosearten zeigen bei der mikroskopischen Untersuchung das gleiche Bild, die so genannten Drusen. Sie sind aus radiär gestellten keulenförmigen Gebilden zusammengesetzt. Das dürfte der Grund dafür sein, dass zwei verschiedene Krankheiten unter gleichem Namen existieren. Die Knochenaktinomykose tritt vor allem im Ober- oder Unterkiefer der Wiederkäuer auf. Besonders häufig geht die Infektion von Zahnwechsel-Wunden zwischen dem 3. und 4. Backzahn aus. Es kommt von dort aus zu fortschreitenden Eiterungen. Weil die Bakterien schwer vom Körper angreifbar sind, durchbricht der Eiterungsprozess immer wieder die vom Körper errichteten, zum großen Teil aus kleinen Knochenkammern bestehenden Abkapselungen. Auf diese Weise nimmt der befallene Knochen immer mehr an Umfang zu; dabei wird er durch die vielen Abszesshöhlen brüchiger. Auf diese Weise kann es zu umfangreichen Gewebezerstörungen im umgebenden Bereich kommen.

Die Weichteilaktinomykose tritt vor allem im Gesäuge der Schweine in Form großer derber Knoten in einzelnen Gesäugeabschnitten auf. Seltener wurde sie in der Zunge der Wiederkäuer festgestellt.

Bei beiden Strahlenpilzformen geht die Infektion von kleinen Wunden in der Mundhöhle, der Zunge oder dem Gesäuge aus. Die Erreger durchdringen unverletztes Gewebe nicht. Sie kommen im Freien auf Gras, in der Erde oder auch im Magen-Darm-Kanal der Tiere oder des Menschen vor, ohne Schaden anzurichten.

Bei nicht abgekommenen Tieren werden die veränderten Teile untauglich und der sonstige Tierkörper tauglich beurteilt.

Tuberkulose

Tuberkulose wird von drei verschiedenen Tuberkulosebakterienarten verursacht und tritt bei Rindern, Geflügel und Menschen auf. Dementsprechend werden die einzelnen Tuberkulosearten auch nach ihrem Hauptwirt benannt. Dies bedeutet aber nicht, dass sie auf ihre Hauptwirte beschränkt bleiben. Noch vor 40 Jahren war die Rindertuberkulose sehr weit verbreitet. Damit traten beim Schalenwild ab und an Rindertuberkulosefälle auf. Heute, nach der weitgehenden Tilgung der Rindertuberkulose, stellen der Mensch und das Huhn das Haupttuberkulosereservoir dar. Aus diesem Grunde treten jetzt diese Erregerarten in seltenen Fällen beim Wild auf. Die Geflü-

Bild 33

Herzklappenrotlauf eines Überläufers

Am aufgetrennten Herzen ist in der linken Klappe zwischen Kammer und Vorkammer ein kleiner tumorartiger Gewebeknoten durch eine Rotlaufbakterienansiedlung entstanden. Dieser Knoten verhinderte den ordnungsgemäßen Klappenverschluss und verminderte die Herzleistung.

geltuberkulose ist für Schwarzwild ausgesprochen infektiös und kann bei meist chronischem Verlauf alle Organe befallen. Außerdem werden vereinzelt in freier Wildbahn infizierte Fasanen gefunden. Ausgangspunkte der Infektionen bei Schwarzwild sind meist ältere Hühner. Auf keinen Fall dürfen eingegangene Hühner auf den Mist geworfen und dann aufs Feld gefahren werden. Geflügel, das über zwei Jahre alt ist, hat niemals etwas in Fasanerien zu suchen, denn diese Tiere sind durch ihren Kot eine große Infektionsgefahr für alles Wildgeflügel. Das pathologische Bild der Tuberkulose ist durch feinste bis große gelbe Eiterherde in Leber, Nieren, Milz, Lunge und Darm gekennzeichnet. Lymphknoten und Milz sind vergrößert. Bei Säugetieren neigen die Lymphknoten zur Verkäsung und Verkalkung.

Alle drei Tuberkulosearten sind für den Menschen in unterschiedlicher Weise pathogen, am wenigsten die Geflügeltuberkulose.

Anzeigepflicht besteht nicht. Eine amtliche Fleischbeschau ist durchzuführen.

Vorausschauend ist festzustellen, dass die Menschentuberkulose weltweit wieder im Vormarsch ist.

Rotlauf

Rotlauferkrankungen sind beim Hausschwein häufig; sie werden von einem schlanken Bakterium verursacht, das penicillinempfindlich ist. Beim Schwarzwild ist Rotlauf selten. Bislang wurden nur Einzelerkrankungen geschwächter Tiere beobachtet. Mir ist nur ein Rotlauffall bekannt geworden, der bei einer Überläuferbache mit Geburtshindernis auftrat. Infektionen sind im Tierreich weit verbreitet. Einige Fälle wurden bei Rind, Schaf, Pferd, Hund, Mäusen, Ratten, Nerzen, Enten, Tauben, Hühnern und Fasanen beobachtet.

Septikämien, d. h., Überschwemmungen des ganzen Körpers mit Bakterien, treten bei akutem Rotlauf auf. Herzklappen *(Bild 33)* und Herzinnenhautentzündungen sowie Gelenkentzündungen stehen bei chronischem Verlauf im Vordergrund. Rotlaufbakterien können überall im Erdreich vorkommen. Auch der Mensch kann sich infizieren. Dies geschieht meist in Form von Wundinfektionen mit Knochen. Um die Wunde entstehen scharf begrenzte, stark schmerzhafte Hautrötungen und Schwellungen. Dann muss ärztliche Hilfe in Anspruch genommen werden.

Anzeigepflicht besteht nicht. In jedem Falle ist die amtliche Fleischbeschau durchzuführen.

Borreliose

Durch Zeckenbiss kann auch eine bakterielle Erkrankung beim Menschen, die Borreliose, auftreten, deren Heilung (durch einen Arzt) mit einem Antibiotikum möglich ist. Typisch für diese Krankheitsinfektion sind kreisrunde sich vergrößernde rötliche Ringe, die im Gefolge von Zeckenstichen auftreten. Danach kann es zu einem außerordentlich vielgestalteten Krankbild mit Fieber, Gliederschmerzen, sogar Lähmungen kommen, die über Jahre andauern können.

Gamsblindheit (Keratoconjunktivitis infektiosa)

Die Gamsblindheit wird durch einen zwischen Bakterien und Virus einzuordnenden Mikroorganismus (Mykoplasma conjunktivae) verursacht. Die Krankheit tritt seuchenhaft auf in Form von Bindehautentzündung mit eitrigem Tränenfluss, dann Hornhauttrübungen und schließlich Abszessdurchbruch in das Augeninnere. Die Folge ist Erblindung ein- oder zweiseitig. Die Übertragung erfolgt durch Kontakt von Tier zu Tier oder durch Insekten. Die Inkubation beträgt nur wenige Tage.

Eine Heilbehandlung gelingt in frühen Stadien mit Chloramphenicol. (Nur durch Tierarzt beziehen, Anweisungen beachten, vor Unbefugten schützen!) Gamsblindheit ist neben der Gamsräude die bedeutendste Gamserkrankung. Anzeigepflicht besteht nicht.

Auch bei anderen Tierarten gibt es sehr ähnliche Erkrankungen. Eine amtliche Fleischbeschau in akuten Fällen ist notwendig.

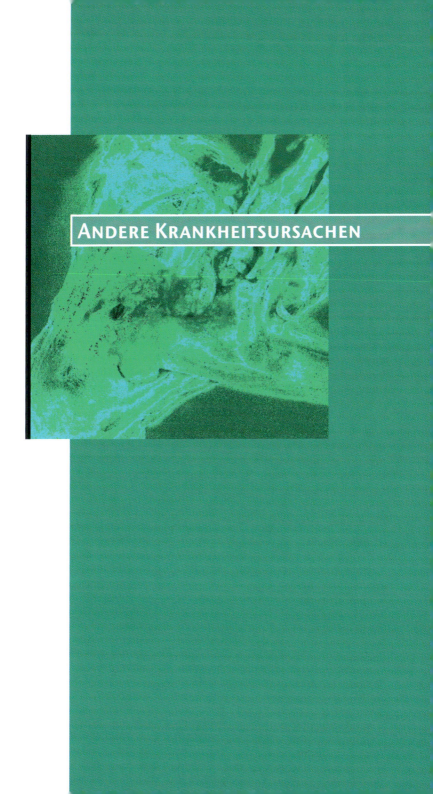

ANDERE KRANKHEITSURSACHEN

Vergiftungen und deren Feststellung

Tierärztliche Untersuchungsanstalten erhalten häufiger eingegangene Wildtiere, bei denen Verdacht auf Vergiftung besteht, zum Feststellen der Todesursache. Solcher Verdacht ist vor allem dann gegeben, wenn man zahlreiche Tiere auf eng begrenztem Raume tot auffindet. Stammen die Tiere von einer Art, so kommen auch akute Seuchen in Betracht. Sind aber mehrere Tierarten gleichzeitig an den Verlusten beteiligt, dann ist der Vergiftungsverdacht sehr begründet. In solchen Fällen sollten sofort einige Kadaver verschiedener Tierarten einer tierärztlichen Untersuchungsanstalt eingesandt werden. In der Umgebung des Fundortes muss unbedingt nach der Giftquelle gesucht werden. Die häufigsten Vergiftungen bei Wild kommen durch unsachgemäße Ausbringung von Pestiziden zustande. Mäusegift, Pflanzenschutzmittel, Insektenvertilgungsmittel, Blei und bleihaltige Farben sowie Beizmittel sind die häufigsten Gefahrenquellen. Aber auch verdorbene Futtermittel kommen in Betracht.

Im Bereich von Tontaubenständen und seichten Gewässern kommt es zu Bleivergiftungen speziell bei Vögeln wegen der Mahltätigkeit des Muskelmagens. Schwarzwild ist kochsalzempfindlich (Vorsicht mit Salzlecken). Eibennadeln werden gerne von Hühnervögeln aufgenommen. Sie sind giftig. Weizen und Mais in größeren Mengen sind für Wiederkäuer tödlich, weil es im Wiederkäuermagen durch größere Mengen von unzerkleinertem Körnerfutter zu einer Übersäuerung kommt. *Bild 34.* Die Körner werden mangelhaft zerkaut und viel zu wenig eingespeichelt. Dadurch sinkt der pH-Wert im Magen und die Kleinlebewesen im Pansen werden abgetötet.

Über die vorgefundenen Anhaltspunkte sollte man der Untersuchungsstelle Mitteilung machen, denn das kann zu einer wesentlichen Erleichterung der Diagnosestellung und zur Verbilligung der chemischen Untersuchungen führen.

Letzte Sicherheit der Diagnose Vergiftung kann nur eine chemische Organ-Untersuchung bringen. Leider sind sie recht kostspielig. Deshalb müssen zuerst durch parasitologische, bakteriologische und virologische Untersuchungen solche Erkrankungen ausgeschlossen werden. Ist dies geschehen und hat sich ein Vergiftungsverdacht bestätigt, so sollten die Institute Proben für 14 Tage tiefgefroren aufbewahren und bei den Einsendern anfragen, ob diese einen chemischen Giftnachweis auf ihre Kosten wünschen. Die Kosten für eine chemische Untersuchung auf Giftstoffe lassen sich oft dadurch erheblich vermindern, dass vom Einsender Hinweise auf ganz bestimmte Giftstoffe geliefert werden können. Leider dauern

Bild 34

Überfressen bei Rehwild
Pansen stark gefüllt mit Mais, Weizen und Trockenschnitzeln (oben)
und blutig entzündeter Labmagen (unten). Im Pansen und im
Labmagen sind mehrere Kilo hochwertigen Futters, das z. T. unzer-
kleinert und unverdaut in den blutig entzündeten Labmagen und
Dünndarm durchgegangen ist. Eine solche Masse hochwertigen
Futters kann wiederkäuendes Schalenwild nicht vertragen. Es geht
mit großer Sicherheit daran nach einer akuten blutigen Labmagen-
Dünndarm-Entzündung ein. Wiederkäuendes Schalenwild muss
artgerecht, d. h. mit genügend Rohfaser in der Äsung, gefüttert
werden.

die Untersuchungen oft Monate, sodass sie dann nicht mehr aus-
wertbar sind.

Bei der Sektion müssen Kropf-, Magen- und Darminhalt
sorgfältig auf verdächtige Bestandteile betrachtet und berochen werden. Gerade der Geruch gibt manchmal recht gute Hinweise auf die
Giftstoffart. Vergiftungen können akut verlaufen oder auch chronisch sein. Es kommt dabei ganz entscheidend auf die Dosierung der
Giftstoffe an. Akute Vergiftungen werden leichter erkannt, weil sie
plötzlich größere Verluste an Tieren erbringen. Dagegen wirken sich
chronische Vergiftungen bisweilen nur durch eine Schwächung der
Abwehrkraft der Tiere aus, die dann Parasiten und Bakterien zum
Überhandnehmen verhelfen. Diese Arten von Vergiftungen, vor

allem durch Abwässer und Industrieabgase, sind schwer erkennbar und nur durch chemische Organuntersuchungen nachweisbar.

Eine Vergiftung durch zuviel Rapsäsung tritt vor allem bei Rehwild – meist Kitze – auf. Besonders gefahrvoll ist der 00-Raps, weil ihm der Bitterstoff fehlt. Die Rehe sitzen meist teilnahmslos, scheinbar erblindet auf Rapsfeldern. Leberschäden und blutige Darmentzündung treten auf. Dem Dimethyldisulfit wird die Hauptschuld bei der Rapsvergiftung zugeschrieben. Dies verursacht eine hämolytsche Blutarmut. Abhilfe kann nur in einem abwechslungsreichen Äsungsangebot bestehen.

Eine amtliche Fleischbeschau bei Vergiftungsfällen oder Verdacht auf Vergiftung ist erforderlich.

Geschwülste

Geschwülste kommen fast in allen Körpergewebearten vor. Sie stellen ein abnorm starkes und ungehemmt wachsendes Zellmaterial dar, das durch Veränderung seiner Erbmasse nicht mehr den Gegebenheiten und Notwendigkeiten des Körpers angepasst ist. Die veränderten Zellen wachsen ohne Steuerung und durchwuchern und zerstören oder verdrängen das sie umgebende Gewebe. Durchwuchert und zerstört eine Geschwulst (Tumor) das umgebende Gewebe, so spricht man von bösartigen Tumoren. Verdrängen die Tumore das sie umgebende Gewebe nur, so bezeichnet man das als gutartig.

Bösartige Geschwülste nennt man Sarkome, wenn sie vom Bindegewebe ausgehen, und Karzinome, wenn sie vom Deckgewebe ausgehen. *Bild 35.* Um die bösartigen Geschwülste genauer bezeichnen zu können, setzt man noch die Gewebeart dazu. Deshalb nennt man z. B. eine bösartige Geschwulst, die vom Lymphsystem ausgeht, ein Lymphosarkom.

Gutartige Geschwülste werden in lateinischer Sprache nach ihrer Gewebeart ebenfalls mit der Endung – om – klassifiziert. Bei den Wildtieren spielen Geschwülste keine große Rolle. Am häufigsten sind Lymphosarkome, die dadurch auffallen, dass sämtliche Lymphknoten und die Milz ungewöhnlich stark vergrößert sind und das das Lymphgewebe infiltrativ in das Nachbargewebe hineinwuchert.

An zweiter Stelle stehen die Gallengangskarzinome, die vor allem in der Leber, der Lunge und den Nieren große speckige Knoten setzen, die dann in der Lunge und den Nieren Tochtergeschwülste oder Metastasen darstellen. Tochtergeschwülste entstehen dadurch, dass der Tumor in die Blutbahn einbricht, und dass Turmorzellen mit dem Blut in alle Organe eingeschwemmt werden können. So

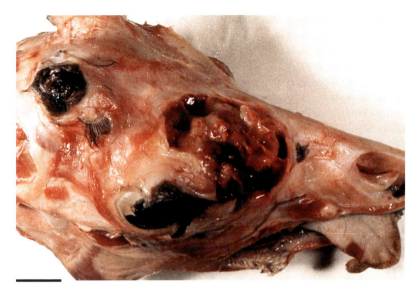

Bild 35

Rehbock mit bösartigem Tumor im Kopf
Vor der Augenhöhle ist ein großer Defekt im Schädel erkennbar.
Dieser Defekt stellt eine infiltrativ, d. h. bösartig wachsende
Geschwulst des Siebbeines dar. Der Tumor war in die vorderen Teile
des Gehirns eingebrochen und hatte zu zentral nervösen Erscheinungen geführt. Der Bock hatte mehrere Menschen angenommen
und war wegen Tollwutverdachts erlegt worden. Auf dem Kopf ist
der Rosenstock zu sehen. Der Bock hatte gerade abgeworfen.

kann z. B. eine Gallengangs-Karzinommetastase in der Niere, aber
auch in jedem anderen Organ entstehen, wenn in den Gallengängen
ein Karzinom sitzt.

Die Vielfalt der Möglichkeiten von Geschwulstbildungen ist
so groß, dass an dieser Stelle nicht näher darauf eingegangen werden
kann. Einige Geschwülste hat man bereits als virusbedingt erkannt.
Bei vielen Arten kennt man die Entstehungsursache nicht.

Nur bei Einzelgeschwülsten, die gut abgegrenzt und klein
sind, kann nach Entfernung des Tumors eine amtliche Fleischbeschau unterbleiben. Alle anderen Fälle sind fleischbeschaupflichtig.

Verletzungen

Äußere Gewalteinwirkungen, Verätzungen, Verbrennungen
oder Erfrierungen führen zu Verletzungen von Geweben. Dabei

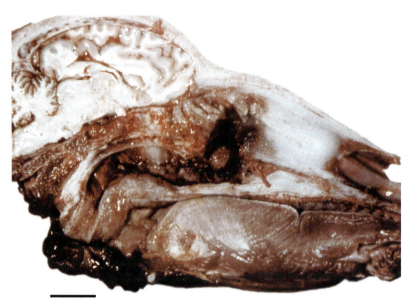

Bild 36

Kopfschuss beim Rotwild

Auf dem Querschnitt des Rotwildkalbkopfes ist ein großer Defekt im Bereich des Siebbeines und der Nasenhöhle erkennbar. Das Stück verhielt sich vor dem Erlegen normal. Der Büchsenschuss erfolgte einige Wochen vorher mit einem 7-mm-Teilmantel-Rundkopf-Geschoss. Der quer durch den Kopf verlaufende Schusskanal hinterließ keine schwerwiegenden Schäden. Es ist dies ein Beispiel für die Härte des Rotwildes.

kommt den Gewalteinwirkungen in Form von Verkehrsunfällen, Schusswunden, Schnittwunden durch Mähmaschinen oder Quetschungen durch landwirtschaftliche Maschinen eine ziemlich große Bedeutung zu. *Bild 36.* Man kann auch unterscheiden, ob eine Verletzung frisch oder ob sie älter ist. *Bilder 38 und 39.* Das richtet sich nach dem Grad der Gewebereparation. Frische Wunden und deren Wundränder zeigen – je nachdem wie schwer sie sind – Blutungen im Wundgebiet. Bei der Wundheilung kommt es zur Blutgerinnung und damit zum blutigen Verkrusten und später zum Verschorfen und zuletzt zur Narbenbildung. Schnittwunden heilen schneller als Quetschwunden. Bei Täuschungsversuchen lässt sich eine im Leben entstandene Wunde von einer nach dem Tode gesetzten Verletzung dadurch unterscheiden, dass es im ersten Falle zu Blutungen im Wundbereich

Perückenbildung beim Rehbock

Unaufhaltsames Wachstum des Gehörns ohne Abwerfen und Fegen ist meist die Folge von Hodenverletzungen oder Entzündungen mit Hormonausfall. Das Bastgehörn wächst wie ein bösartiger Tumor. Dies führt schließlich zum Tode. Durch Kastration kommt es zur Perückenbildung. Durch Hormongaben kann ein Abwerfen der Perücke bewirkt werden.

und in dessen Umgebung kommt. Im zweiten Falle fehlen diese Blutungen, weil das Herz kein Blut mehr in das verletzte Gewebe gepumpt hat. *Bild 40.* Bei postmortal angebrachten Schüssen findet sich kreisrund um die Schusswunde eine feine hellrote Färbung, die nicht mit einer echten dunkelroten Blutung verwechselt werden darf. Vielmehr handelt es sich dabei um durch die Geschosswucht in das direkt dem Schusskanal benachbarte Gewebe gepresste feinstverteilte Blutpartikel. Bei Knochenbrüchen kommt es sehr darauf an, ob der Bruch offen in der Wunde liegt oder ob die Bruchstelle von Haut oder Muskulatur überdeckt bleibt. Bei Brüchen der Hinter- oder Vordergliedmaßen tritt meist eine Verkürzung des betroffenen Laufes ein, weil der Muskelzug die Bruchenden aneinander vorbeigezogen hat.

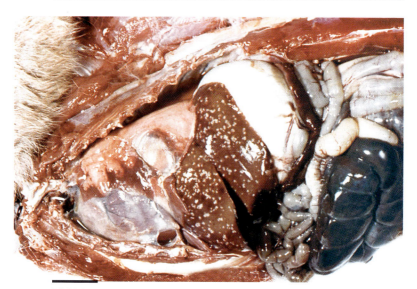

Bild 38

Hase mit alter Schrotschussverletzung in der Lunge
Die Lunge ist sehr blutarm, weil der Hase starken Magenwurmbefall
zeigte. Außerdem ist in der Lungenmitte ein großer Eiterherd sichtbar. Die vorderen Lungenspitzenlappen links vor dem Eiterherd sind
chronisch entzündet. Diese Lungenteile gehen unter, wenn man sie
ins Wasser wirft. Der große Eiterknoten ist eine alte Schrotschussverletzung. Von dort aus kam es auf dem Blutwege zur bakteriellen
Streuung von Eitererregern (Staphylococcen), und damit zu vielen
kleinen gelben Abszessen in der Leber. Die Milz hinter dem Magen
ist erheblich vergrößert. Solche Verletzungsfolgen können sehr leicht
nach Weitschüssen mit Schrot entstehen.

Bild 41. Später heilen die Knochenenden seitlich aneinander. Eine
Verknöcherung unkomplizierter Brüche bis zur vollen Belastbarkeit
dauert erfahrungsgemäß etwa 6 Wochen. Dabei beginnt die Verknöcherung oder Verknorpelung nach Abräumen von Wundsekret
und zerstörtem Gewebe durch Einwandern von Knochenbildungs-
zellen in das Bruchgebiet bereits sehr bald nach dem Knochenbruch.

Komplizierte Splitterbrüche oder offene infizierte Brüche
können bis zur Heilung und Verknöcherung mehrere Monate benöti-
gen, denn in diesen Fällen hängt die Heilungsdauer vom Zer-
störungsgrad und den in das Bruchgebiet eingedrungenen Bakterien
ab. In Schusswunden werden die getroffenen Knochen meist so stark

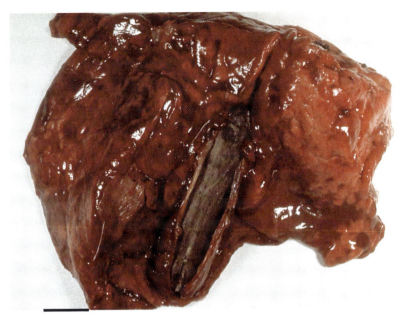

Bild 39

Lungenspitzenlappen eines Rottieres mit alter Verletzung durch einen Ast

Das Alttier erscheint vor dem Erlegen völlig gesund. Als Gelegenheitsbefund wurde in der Lunge ein 6 cm langer fast reaktionslos eingeheilter Kiefernast gefunden, den sich das Stück zwischen den beiden vorderen Rippen hindurch in die Lunge gestoßen haben muss. Dieses Bild verdeutlicht die gute Heilungstendenz von Verletzungen bei Wildtieren. Die bindegewebige Kapsel um das Aststück ist aufgeschnitten. Somit liegt der Ast frei.

und so fein zersplittert wie es andere Gewalteinwirkungen nicht zustande bringen können. Der Nachweis von Schusswunden gelingt in der Regel durch Röntgenaufnahmen, auf denen sich Geschoss-Splitter erkennen lassen. Bevorzugter Sitz von Schusswunden bei Schalenwild ist der Ellbogenbereich und bei Schwarzwild zusätzlich der Unterkiefer.

Eine Fleischbeschau wird erforderlich, wenn die Verletzungen nicht ganz frisch sind. Nachsuchenstücke, Verkehrsunfälle bei Schalenwild und nicht ganz frische Knochenbrüche erfordern eine amtliche Fleischbeschau.

Bild 40

Postmortale Schussverletzung

Das Sprunggelenk des Damschauflers wurde mit 8 x 57-IRS-Teil-
mantelgeschoss durchschossen. Dabei wurde der Unterschenkel-
knochen zertrümmert und feinste Blutpartikel aus dem Schusskanal
in die direkte Umgebung gepresst. Bei einem Büchsenschuss zu Leb-
zeiten hätte es bei dieser Knochenzertrümmerung schwere, dunkelrote Blutungen im umgebenden Gewebe gegeben.

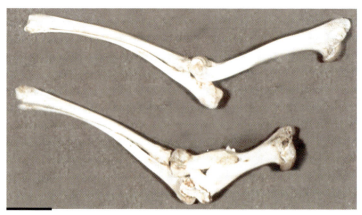

Bild 41

Oberarmknochenbruch beim Reh

Oben: normaler Ober- und Unterarmknochen eines Rehbockes.
Unten ist ebenfalls Ober- und Unterarmskelett eines Bockes abgebildet mit etwa in der Mitte gebrochenem Oberarm. Die Bruchstellen
wurden durch Muskelzug aneinander vorbeigezogen und heilten
dann seitlich wieder zusammen. Dadurch erscheint der Knochen ver-
kürzt. Dies ist beim Bruch des Oberarmknochens der Normalverlauf.

Verletzungen am Hals entstehen auch durch Einwachsen der Schnecken beim Muffelwild. *Bild 42.* Ursache hierfür ist eine Fehlstellung der knöchernen Stirnzapfen. Fehlerhafte Behandlung von Wildtieren kann zu Verstümmelungen in Tierbeständen z. B. durch falsche Beringung bei Vögeln führen. *Bild 43.*

Missbildungen

Missbildungen entstehen bei Tieren während des embryonalen Ausreifens der Feten in der Tracht des Muttertieres. Missgebildete Organe, die durch Mangelerscheinungen oder Verletzungen erst nach der Geburt zustande kommen, werden nicht zu den Missbildungen gerechnet.

Fehlerhaftes Erbgut, Vitamin-, Mineral- und Eiweißmangel des Muttertieres oder des Fetus während der Trächtigkeit sowie Chemikalieneinflüsse auf den Embryo können zu Fehlbildungen von fast allen Organen beitragen. An Einzelfällen festzustellen, wie so etwas zustande kommt, ist sehr schwer möglich. Durch Fütterungsversuche mit Mangeldiäten an A-, E- und B-Vitaminen sowie den Mineralien Eisen, Kalzium und Phosphor gelingt es, die Embryonalentwicklung so weit zu verhindern, dass keine Jungtiere mehr geboren werden oder aber ganz bestimmte Missbildungen gehäuft auftreten. So bewirkt z. B. Vitamin-A-Mangel Wachstumsverzögerungen, Augenschäden und Wasserkopfbildungen. Vit.-B-Mangel kann so genannten Monstren, d. h., weitgehend falsch organisierte Lebewesen, oder Kiefer- und Augenanomalien hervorrufen. Dabei entstehen gleichartige Missbildungen in engumschriebenen Entwicklungsstadien. Dies setzt einen ganz bestimmten Entwicklungsfahrplan für die Embryonen voraus. Die häufigsten Missbildungen bei Wildtieren sind Doppelbildungen; sie können alle Organe betreffen. Überwiegend konnten Doppelbildungen an den Zähnen und Vorder- und Hintergliedmaßen beobachtet werden. Solche Doppelbildungen gelangen bei eineiigen Zwillingen zu ihrer Vollendung. Es kommen aber auch unvollständige Doppelbildungen vor, bei denen alle Organe doppelt angelegt sind, aber nur ein Kopf vorhanden ist. Ober- und Unterkieferverkürzungen gehören auch zu den häufigeren Missbildungen. Zwergwuchs, Stummelschwänzigkeit oder Kieferspalten sind seltener. Das Fehlen von Zahnanlagen in Form des Fehlens des ersten Prämolaren kommt ganz besonders häufig beim Schwarzwild vor. Das ist entwicklungsgeschichtlich erklärbar und betrifft nicht mehr notwendige Zähne. Die stammesgeschichtliche Entwicklung vom fünfzehigen Fuß bis zum einzehigen ist eine Veränderung des Bauplanes von Tieren. Sie entsteht durch das Zusammenwirken einer Vielzahl

Bild 42

Muffelwidder-Einwachser

Die Schnecken sind zur Hinterseite des Halses gewachsen. Durch Kopfbewegungen haben die Schnecken Scheuerstellen auf der Halshinterseite hinterlassen. Die Schnecken würden sehr bald in den Hals einwachsen, deshalb ist der Abschuss dringend geraten.

Bild 43

Fehlerhafte Beringung von Fasanen

Die Ständer von Fasanen nehmen während des Wachstums der Tiere erheblich an Umfang zu. Deshalb ist es ein schwerer Fehler, Jungfasanen Taubenringe anzulegen. Hier haben sich die Taubenringe tief in die Weichteile der Ständer eingeschnitten. Solche Tiere sind unrettbar verloren und gehen unter Qualen zugrunde.

der im Erbgut vorhandenen Entwicklungsmöglichkeiten und der Auslese in Bezug auf Lebenstüchtigkeit im Laufe von Jahrtausenden. Als Missbildungen werden auch solche Abweichungen vom normalen Bauplan angesehen, wenn sie stammesgeschichtlich einen Rückschritt oder einen Vorgriff auf frühere oder kommende Formen darstellen.

Einige Missbildungen treten bei verschiedenen Tierarten öfter in Kombination auf. Dies trifft zum Teil für Dackelbeinigkeit und Mopsköpfigkeit zu, die bei Reh, Schaf und Hund nachgewiesen wurde. *Bild 44.*

Beim Rotwild konnte anhand von Zuchtversuchen bewiesen werden, dass Kleinäugigkeit (Mikrophthalmie) eine rezessiv vererbbare Missbildung ist. Farbabweichungen in Form von weißen oder schwarzen Tieren sind bei zahlreichen Arten bekannt. Schwarze Kaninchen, Hasen, Rehe, schwarzes Damwild sind keine Seltenheit. Bei Albinos fehlt das gesamte Pigment, sodass die betroffenen Tiere auch eine blutrote Iris im Auge aufweisen. In meinem Untersuchungsmaterial waren auch ein Hase und eine Krähe, denen lediglich das schwarze Pigment in den Haaren bzw. Federn fehlte. Das braune Pigment war aber vorhanden. Darum sahen diese Tiere hellbraun aus. Ein weiterer Ort häufigerer Missbildungen sind die Geschlechtsorgane. Hier gibt es praktisch alle Kombinationsmöglichkeiten von weiblichen und männlichen Geschlechtsorganen. Das geht von doppelseitigen Zwittern, d. h. beide Hoden und Eierstöcke sind angelegt, über einseitige Zwitter, der Kombination Hoden in der Bauchhöhle, dazu weibliche Geschlechtsorgane mit Eileiter, Tracht und Schürze, bis lediglich zur Ausbildung sekundärer männlicher Geschlechtsmerkmale zu weiblichen Geschlechtsorganen. All diese Stufen sind z. B. beim Reh nachgewiesen worden. Das jeweilige Geschlecht des Tieres wird allein durch die Keimdrüsen, die Hoden oder Eierstöcke bestimmt.

Missbildungen kleinen Ausmaßes, die gut gegen das normale Gewebe abgesetzt sind, können entfernt werden und bedingen dann keine amtliche Fleischbeschau.

Schalenauswachsen beim Schalenwild

Bei allen Schalenwildarten kommen Fälle von Schalenauswachsen vor, die ihrer Entstehung nach ganz unterschiedlich sind. Die einzelnen Tierarten sind auch in ganz verschiedener Weise vom Schalenauswachsen betroffen. Während die Hirschartigen und das Schwarzwild nur nach Krankheiten, Schalenverletzungen und in seltenen Fällen nach ungeklärter Ursache Verlängerungen der Schalen

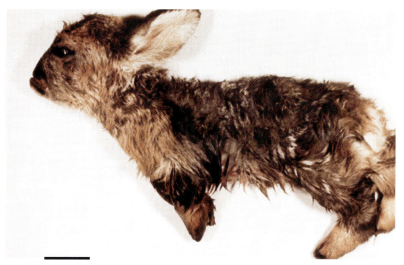

Bild 44

Missbildung eines Rehkitzes

Das abgebildete Rehkitz zeigt Dackelbeinigkeit und Mopsköpfigkeit. Die Läufe sind viel zu kurz und verkrüppelt und der Oberkiefer ist ebenfalls zu kurz.

Eine ähnliche Kombination von Missbildungen ist auch bei anderen Tierarten, vor allem beim Schaf und Hund bekannt geworden. Das Rehkitz war nicht lebensfähig. Es dürfte sich hier um eine erhebliche Missbildung handeln.

zeigen, leidet das Muffelwild ganz außerordentlich unter Schalenauswachsen und -abbrechen. *Bilder 45 und 46.*

Beim Muffelwild konnte bewiesen werden, dass ungeeignete, zu weiche und nasse Bodenverhältnisse Ursachen für das Schalenauswachsen sind. Bringt man so erkrankte Muffel auf trockenen, steinigen Boden, nachdem man ihnen vorher die Schalen geschnitten hat, so unterbleibt das Schalenauswachsen. Das Krankheitsbild ist sehr eindeutig. Oft gehen die Tiere lahm, die Schalen sind verlängert, abgebrochen und zeigen eine Art Tütenbildung unter der Sohle. Die Hornschuhe sind meist geöffnet und Fäulniskeime dringen in die Bruchstelle ein und zersetzen die Schalenlederhaut, den Schalenbeinknochen und lösen auf diese Weise das Schalenwandhorn von der Lederhaut ab. *Bild 45.* Das führt unweigerlich zu schweren irreparablen Schäden. *Bild 46.* Der Zwischenschalenspalt bleibt fast immer trocken im Unterschied zur Moderhinke der Schafe, bei der

Bild 45

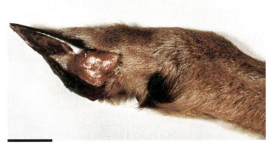

Bild 46

Schalenauswachsen beim Muffelwild

Die zwei abgebildeten Läufe stammen von einem Muffelwidder.
Alle vier Schalen sind ausgewachsen, ab- bzw. ausgebrochen, und
bei dem oben links abgebildeten Lauf sieht man, dass sich das
Schalenwandhorn von der Schale abgelöst hat. Das untere Bild zeigt
eine Vorderlaufspitze im Querschnitt. Das graue Gewebe vorn in der
Schale zeigt verfaultes Knochengewebe des Schalenbeines an. Hier
ist wegen Ausbrechens der Schalenspitze ein Fäulnisprozess tief in
den Hornschuh eingedrungen. Der Zwischenschalenspalt erweist
sich als unverändert und trocken. Schalenauswachsen ist bei
Muffelwild, das auf ungeeignetem Gelände gehalten wird, der
häufigste pathologische Befund. Dieses Krankheitsbild hat mit der
Moderhinke nichts zu tun; es entsteht allein durch ungeeignete
Bodenverhältnisse.

ein übel stinkender Fäulnisprozess vom Zwischenklauenspalt ausgeht. Eine Heilung des Schalenauswachsens ist dadurch zu erzielen,
dass man die Tiere fängt und alles faule und von der Lederhaut
abgelöste Schalenwandhorn wegschneidet. Häufig ist das eine etwas
blutige Angelegenheit, aber die einzige Rettung für die betroffenen
Tiere. Eine scharfe Gartenschere stellt für das Schneiden sehr geeignetes Werkzeug dar. Bei dieser Gelegenheit kann man die Tiere gleich
einer Magenwurmbehandlung unterziehen. Niemals sollte Muffelwild auf nassen und feuchten Böden gehalten werden, weil die Tiere
zu sehr unter Schalenauswachsen leiden.

Verletzungen an den Schalen führen zu verschiedenartigen
Veränderungen. Schalenwachstumsstörungen mit Rinnenbildung
um den ganzen Hornschuh zeigen den Zeitpunkt der Verletzung an.

Im Laufe etwa eines Jahres wächst eine solche Rinne vom
Hornbildungssaum (obere Hornschuhkante) bis an die Spitze herun-
ter, d. h., der Hornschuh wächst wie der Fingernagel beim Menschen
von oben her nach. Wird bei Verletzungen das Schalenbein defor-
miert, so zieht dies verkrüppelte, aufgerollte oder schiefstehende
Schalen nach sich, denn das Schalenbein ist richtungsweisend für
das Hornschuhwachstum.

An den Schalen entstehen auch Rinnen, wenn die Wildtie-
re an irgendwelchen schweren Krankheiten leiden und dadurch
Stoffwechselstörungen auftreten. Man kann daran ablesen, wann die
Tiere krank waren.

Das Auswachsen aller Schalen und Oberrücken wird ab und
an bei Rehwild beobachtet. Dabei sind Schalen und Oberrücken in
gleicher Weise stark verlängert, aber die Hornschuhe zeigen keine
weiteren Veränderungen. Diese Fälle treten vereinzelt in allen Altersklassen auf. Ihre Ursache ist unbekannt.

UNTERSUCHUNG

Einsendung von Untersuchungsmaterial

Für die Diagnosestellung von Wildkrankheiten ist es erforderlich, geeignetes und vor allem frisches Untersuchungsmaterial in die Hände von Fachleuten zu bringen. Diese haben überwiegend ihren Arbeitsplatz an Instituten, den Tierärztlichen Hochschulen, den staatlichen Veterinäruntersuchungsämtern. Nicht jede dieser Untersuchungsstellen hat für die Wildkrankheitsdiagnostik einen Spezialisten.

Als Untersuchungsmaterial kommen Fallwild, erlegtes krankes Wild, Einzelorgane und Losungsproben in Betracht. Beim Einsenden von Einzelorganen oder Losungsproben muss man berücksichtigen, dass dem Untersuchungsinstitut eben nur ein sehr geringes Material für die Diagnosestellung zur Verfügung steht. Dementsprechend haben die Ergebnisse eng begrenzten Aussagewert. Dies trifft ganz besonders für Losungsproben zu, deren Untersuchungsergebnisse auch schon bei gut ausgewähltem und frischem Untersuchungsmaterial keine sicheren Resultate über den wahren Parasitenbefall erbringen. Deshalb sollte man lieber ganze Tierkörper zur Untersuchung einsenden. Lässt sich dies nicht machen, so sind Untersuchungen von ganzen Aufbrüchen besser als die von Losung, weil man so pathologische Befunde auch der Organe erheben kann. Ein Parasitenbefall allein, ohne pathologische Veränderungen, kann für ein Tier unbedeutend sein. Haben die Parasiten aber krankhafte Veränderungen hervorgerufen, so ist dies von Wichtigkeit.

Für Untersuchungsmaterial von Wild gelten folgende Regeln:

Am besten bringt man das Material gut ausgekühlt, nicht gefroren, persönlich zum Institut.

Bei Versand von Fallwild sollte man immer den schnellsten Beförderungsweg wählen. Das ist meist Bahnexpress. In der heißen Jahreszeit sind die Nachtstunden für den Transport zu nutzen. Die Sendungen sind als Untersuchungsmaterial zu kennzeichnen.

Jeder Fallwildsendung muss, gut getrennt vom Untersuchungsmaterial, ein Anschreiben beigefügt werden, in dem der Absender (Anschrift) und die Wünsche des Einsenders in Bezug auf die erbetenen Untersuchungen vermerkt sind. Das Anschreiben sollte niemals gesondert per Post versandt werden, weil es dann meist zu spät eintrifft. Teile des Untersuchungsmaterials werden von den Untersuchungsanstalten im Allgemeinen nicht zurückgegeben, um Seuchenverbreitung zu vermeiden. Liegt Verdacht auf eine anzeigepflichtige Seuche vor (z. B. Tollwut, Schweinepest, Geflügelpest), so muss auf alle Fälle der zuständige Amtstierarzt verständigt werden. Das ist sehr wichtig, wird aber leider häufig versäumt und führt dann zu Unannehmlichkeiten, weil bereits der Verdacht einer Seuche der Anzeigepflicht (§ 9 Tierseuchengesetz) unterliegt.

Bei Tollwutverdacht ist für die Materialeinsendung, bei großen Tieren der Kopf und bei kleinen Tieren der ganze Tierkörper ausschließlich der Amtstierarzt zuständig. Die Untersuchungen auf Tollwut dürfen nur in den zuständigen staatlichen Veterinäruntersuchungsämtern erfolgen. Wird dieser Weg eingehalten, so gehen die Untersuchungen auf anzeigepflichtige Seuchen zu Lasen der Staatskasse. Diese Seuchen sind in einer VO nach § 10 Tierseuchengesetz genannt.

Bei nicht anzeigepflichtigen Krankheiten können die Tiere an eine Untersuchungsanstalt nach freier Wahl zur Diagnosestellung gesandt werden. In einigen Bundesländern haben die Institute und die Landesjagdverbände Abmachungen darüber getroffen, dass die Jagdverbände die Kosten für die Untersuchungen tragen. Die Verpackung von Untersuchungsmaterial sollte nur in gut ausgekühltem Zustand (+4 °C) erfolgen. Noch warme Organe faulen in luftdichten Gefäßen innerhalb weniger Stunden so stark, dass sie als Untersuchungsmaterial nicht mehr brauchbar sein können. Als erste Hülle ist Zeitungspapier die beste Verpackung. Es kann die vom Tierkörper abtropfende Flüssigkeit aufsaugen. Dann sollte ein Plastikbeutel als weitere Verpackung dienen. Dieser wird wieder mit Zeitungspapier umhüllt und in einen festen Karton gepackt. Oben im Paket sollte das Anschreiben liegen. Die Verpackung muss gegen Flüssigkeitsabfluss sicher sein, vor allem aber für den Transport stabil genug. Nur für ganz bestimmte Untersuchungen, zum Beispiel mikroskopische Gewebeuntersuchungen, legt man kleine Organteile in 4%iges Formalin, lässt das Material einige Tage gut durchhärten und verschickt es dann in dichten Plastikgefäßen. Vorsicht ist bei Glasbehältern geboten, weil diese leicht zu Bruch gehen und das Formalin dann durch die Verpackung dringt und einen beißenden Geruch verbreitet. Brennspiritus ist ebenfalls zur Organfixierung geeignet. Losungsproben müssen ganz frisch sein. Wenn man sie findet, sollten sie noch warm sein. Bereits wenige Stunden alte Losung enthält bestimmte Parasitenlarven nicht mehr, weil sie aus der Losung auswandern.

Beachten Sie bei der Verwendung von Formalin und Brennspiritus den Hinweis auf *Seite 4.*

GESETZLICHE GRUNDLAGEN

Gesetzliche Grundlagen für die Tierseuchenbekämpfung und die Fleischbeschau

Das Tierseuchenrecht (TiSG) stellt die Grundlage für die Tierseuchenbekämpfung bei Haus- und Wildtieren dar. Der § 24 des Bundesjagdgesetzes (BJG) schreibt zwar die Anzeigepflicht bei Wildseuchen vor, ohne jedoch zu definieren, was eine Wildseuche ist. Der § 24 TiSG ermöglicht bei Wildtieren eine ziemlich weitreichende Einwirkungsmöglichkeit des Staates. Er enthält aber auch die Vorschrift, dass durch die Seuchenbekämpfung keine Tierart ausgerottet werden darf. Für jede Seuche gibt es als spezielle Verordnung (VO) eine ins einzelne gehende Bekämpfungsanweisung.

 Für Wildtiere sind folgende Gesetze und Verordnungen besonders wichtig:
- Tierseuchengesetz: §§ 1, 2, 9, 11, 24, 26
- VO über anzeigepflichtige Tierseuchen
- Tollwut – VO
- Schweinepest – VO
- Geflügelpest – VO (New-Castle-Krankheit)
- Aujeszkysche Krankheit – VO
- Tierkörperbeseitigungsgesetz
- Lebensmittel- und Bedarfsgegenstände-Gesetz

- Fleischhygienegesetz
- Geflügelhygienegesetz
- Fleischhygiene – VO
- Geflügelhygiene – VO
- Allgemeine Verwaltungsvorschrift über die Durchführung der **amtlichen** Untersuchungen nach dem FlHG (VwVFlHG) s. hierzu bei *Literaturhinweise*

Fleischuntersuchung bei Haar- und Federwild durch den Jäger

Haar- und Federwild unterliegen grundsätzlich der Fleischuntersuchung (Fleischbeschau). Zuständig für die **amtliche** Fleischuntersuchung bei erlegtem Wild ist der amtlich bestellte Tierarzt für seinen Bezirk. Hier wird nur von erlegtem Wild gesprochen. Das ist Wild, das nach Jagdrecht in einem gemeinschaftlichen oder Eigenjagdbezirk erlegt wurde. Nach rechtlich zugelassener Regelung, kann der Jäger eine Fleischuntersuchung vornehmen. Diese Fleischuntersuchung durch den Jäger muss nicht nach dem gesetzlich vorgeschriebenen Verfahren ablaufen, sie darf auch nur das nach Jagd-recht erlegte Wild betreffen. Ferner darf das Wild nur zum Eigenver-brauch für Privatpersonen und an be- und verarbeitende Betriebe (Gaststätten) zu deren Verbrauch abgegeben werden. Es darf die Lie-ferung auch nur in kleinen Mengen (Tagesstrecke, 250 kg) erfolgen und das Wild darf keine bedenklichen Merkmale d. h. Krankheits-symptome *(s. Tabelle)* aufweisen. Diese bedenklichen Merkmale sind in den Verordnungen zum Fleischhygienegesetz für Haar- und Feder-wild aufgelistet.

Fleischbeschau bei Haar- und Federwild

I. Nach Jagdrecht erlegtes Haarwild:
untersuchen, beurteilen und bei Krankheitsverdacht anmelden

II. Nicht erlegtes Haarwild:
ist anzumelden zur Schlachttier- und Fleischbeschau, zu untersuchen und zu kennzeichnen.

Ausnahmeregelung für erlegtes Haarwild

Amtliche Beschau kann entfallen; bei (aber immer durch Jäger):
a. unverdächtigem Haarwild für privaten Verbrauch
b. be- und verarbeitende Betriebe
   – nahe gelegen
   – eigener Verbrauch
   – geringe Mengen

▼

Beschauergebnis durch Jäger:
unverdächtig   krankheitsverdächtig

▼   bedenkliche   ▶ Mitteilung ▶ Anmeldung
▼   Merkmale
▼
▼

Verbrauch gemäß
Ausnahmeregelung
Fleischhygienegesetz
§ 1 Satz 3 vom 7.8.1993

Regelfall

1. Haarwild für den Wildhandel;
2. Krankheitsverdächtiges und ver-haltensgestörtes Wild;
3. Verunglücktes Schalenwild;
4. Fallwild (untauglich).

▼

▼

▼

▼

amtliche Fleischbeschau

▼

Fleischbeschau
Anwendung
Fleischhygiene-VO
vom 30.10.1986

▼

Kennzeichnung (Stempel)

Zur besseren Verständlichkeit soll hier nur über die grundlegenden Bedingungen für die Fleischuntersuchung durch den Jäger gesprochen werden, und die **amtliche** Fleischuntersuchung nur am Rande erwähnt werden. Letztere hat nach gesetzlich festgelegten Regelungen zu erfolgen. Es ist für den Jäger zweckmäßig in etwa gemäß dem **amtlichen** Untersuchungsverfahren die eigene Untersuchung zu gestalten.

 Hierfür gelten folgende Regeln:

1. Für die Durchführung einer Fleischuntersuchung ist die Kenntnis eines normalen Verhaltens und das Wissen um das normale Aussehen der inneren Organe aller Wildarten absolute Voraussetzung. Das ist das zentrale Ausbildungsziel, um eine Eignung zur Durchführung einer Fleischuntersuchung zu erlangen.

2. Bei der Untersuchung von erlegtem Wild müssen alle inneren Organe systematisch auf ihre normale Größe, Farbe, Konsistenz und ihren Geruch geprüft werden. *Bilder 47, 48, 49, 50 und 51.*

3. Bei Krankheiten – vor allem bakteriell bedingten – wird die körpereigene Abwehr mobilisiert und damit die entsprechenden Organe vergrößert, d. h. u. a. die Lymphknoten und die Milz verändern sich krankhaft. Die Lymphknoten aller inneren Organe sind auf Normalität zu prüfen. Sie befinden sich in den jeweiligen Aufhängebändern oder Anheftungen der Organe. Es gibt eine sehr einfache Methode, die Lymphknoten zu finden, indem man am jeweiligen Organ zieht. Im hergestellten Zug oder an der Anwachsstelle des Organes oder Organteiles ist dann der gesuchte Lymphknoten zu finden. Die Milz als bedeutsamstes Lymphorgan ist besonders wichtig bei der fleischbeschaulichen Untersuchung. Sie liegt immer links am Magen. Lymphknotenveränderungen treten durch Vergrößerung, Vereiterung, blutige Infiltrate in Erscheinung. *Bilder 29 und 30.*

4. Der Gesetzgeber verlangt, dass besonders auf bedenkliche Merkmale bei der Fleischuntersuchung zu achten ist. Darum ist deren Kenntnis unabdingbar. Wird bei der Untersuchung auch nur ein bedenkliches Merkmal gefunden, so muss eine **amtliche** Fleischuntersuchung erfolgen oder der Jäger beurteilt das Wild als untauglich zum Verzehr durch den Menschen (Kostenfrage).

5. Erlegtes Wild ist innerhalb von spätestens 2 Stunden nach Erlegen sauber zu versorgen, sonst wird eine **amtliche** Untersuchung fällig.

6. Erlegtes Wild ist auf sauberen luftigen Transportmitteln zu befördern und alsbald kühl zu lagern.

7. Erlegtes Wild soll vor der Zerlegung bei 7 °C, Hasen und Kaninchen bei 4 °C eine Fleischreifung durchlaufen. Dazu sollte die Lösung der Totenstarre abgewartet werden.

Wenn von Fleischuntersuchung bei erlegtem Wild gesprochen wird, ist als erstes zu klären, ob es um eine Untersuchung durch den Jäger gemäß Ausnahmeregelung gehen soll oder um eine **amtliche** Untersuchung. Im Allgemeinen ist in der Literatur letztere angesprochen. Für diese **amtliche** Untersuchung ist eine vorgeschriebene Verfahrensweise anzuwenden.

Bedingungen für die amtliche Untersuchung
1. Haar- und Federwild für den Wildhandel.
2. Krankheitsverdächtiges und verhaltensgestörtes Wild.
3. Verunfalltes Wild.
4. Fallwild (immer untauglich, deshalb aus Kostengründen keine Fleischuntersuchung).
5. Große Strecken und Strecken aus mehreren Tagen.
6. Erlegtes Wild, bei dem erst bei Untersuchung durch den Jäger bedenkliche Merkmale erkannt werden (alle Organe für **amtlichen** Tierarzt bereitstellen).

Für amtlich untersuchtes Wild gelten strenge Bestimmungen über Transport, Lagerung, Zerlegungsräume, Gerätschaften und Kühlanlagen. Für den Jäger bleibt bei **amtlichen** Untersuchungen lediglich die Anmeldungspflicht und das ordnungsgemäße Zurverfügungstellen des vollständigen Untersuchungsmaterials. Die Beurteilung, ob tauglich oder untauglich, ist Sache des **amtlichen** Tierarztes.

Bei Haarwild aus Kleingattern und aus Farmen muss die volle Fleischbeschau in Form von Lebendbeschau und der Fleischbeschau durchgeführt werden. Erstere aber nur turnusgemäß.

Bei allen Fleisch- und Allesfressern (z. B. Schwarzwild und Dachs) kommt dazu noch die Trichinenschau. Fällt solches Haarwild unter die Ausnahmeregelung bei der Fleischbeschau, so muss dennoch die Trichinenschau erfolgen. Verantwortlich für die Anmeldung ist der Jagdausübungsberechtigte. Dafür entnimmt der Trichinenschauer – nicht der Jäger – Proben aus den Zwerchfellpfeilern und aus der Unterarmmuskulatur. Die Muskelstücke werden aufgelöst. Dabei bleiben die Trichinenlarven unversehrt und können im Bodensatz der aufgelösten Muskelproben nachgewiesen werden.

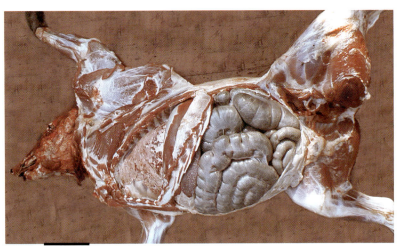

Bild 47

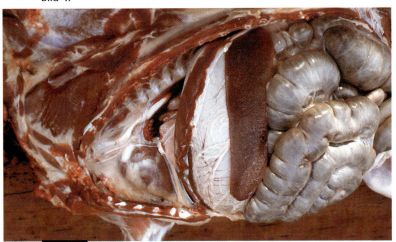

Bild 48

Überläufer nach Abtrennung der linken Brust- und Bauchwand
(vgl. mit Bild 2)
In der Lunge sind blutrote Herde zu erkennen. Dabei handelt es sich um eingeatmetes Blut nach Kopfschuss. Folglich muss sich in der Luftröhre und in den Bronchien Blut befinden. Der Rippenbogen ist im Präparat *Bild 47* belassen worden, damit die Zwerchfellkuppel sichtbar bleibt. In *Bild 48* sind der Rippenbogen und die linke Lungenhälfte entfernt, um die Lage des Herzens und der Aorta zu zeigen. Ferner wird die Lage der ganzen Milz links am Magen sichtbar. Magen und Darm erscheinen normal.

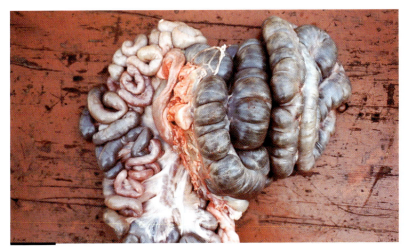

Bild 49

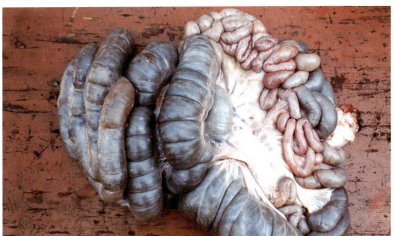

Bild 49a

Dünn- und Dickdarm eines Überläufers

Der Dünn- und Dickdarm eines Überläufers von 2 Seiten abgebildet. Dabei werden die Darmlymphknoten in den weiß erscheinenden Aufhängebändern des Dünndarmes sehr deutlich sichtbar. Darm und zugehörige Lymphknoten sind normal.

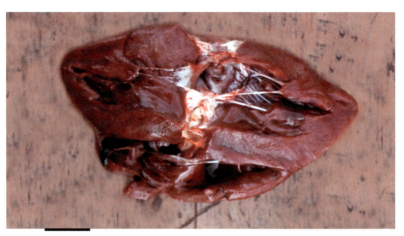

Bild 50

Aufgetrenntes Herz eines Überläufers

Beim Versorgen von Wild muss das Herz so aufgeschnitten werden,
dass beide Herzkammern voll geöffnet werden. Danach werden die
Blutgerinsel entfernt und die Herzklappen besichtigt. Hier liegt ein
Normalbefund vor. Vergleiche dazu das Bild 33, Seite 78 und das
Bild 51 auf dieser Seite.

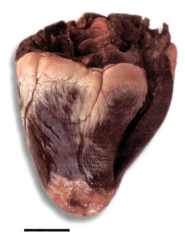

Bild 51

Herzinfarkt bei einer 7- bis 9-jährigen Ricke

Die Ricke erschien völlig gesund. Erst beim Aufbrechen fand sich
ein großer Narbenbezirk als Folge eines Herzinfarktes in der
Herzspitze. Fleischbeschaulich ergibt der Befund: *Tierkörper tauglich,
Herz untauglich.*

Fleischhygiene-Gesetz (8.7.1993) und Fleischhygiene-VO (21.5.1997)

I. Schlachttieruntersuchung: Anlage 1, Kap. I
bei Gehegewild turnusmäflig (§ 3a FlHG)
entfällt bei erlegtem Haarwild (§ XY FlHG)

II. Fleischuntersuchung: Anlage 1, Kap. II und bei Wild Kap. VI
amtlich: bei Gehegewild, Wildhandel und Wild mit bedenklichen
Merkmalen. Kann bei erlegtem Wild (Jagdrecht) ohne bedenkliche
Merkmale entfallen (Sonderregelung). Dann ist der Jäger zur
Fleischuntersuchung ohne Ausnahme verpflichtet.

III. Trichinenschau: Anlage 1, Kap. III
alle Fleisch- und Allesfresser (Zwerchfellpfeiler, Unterarm, Proben-
entnahme) ohne Ausnahmemöglichkeit.

IV. Sonstige Untersuchungen: Anlage 1, Kap. IV
bakteriologische oder Rückstands-Untersuchungen.

Ausnahmeregelungen Fl.H.G. §1 Satz 3

Die [nach Jagdrecht: amtliche] Fleischbeschau kann bei erlegtem
Haarwild unterbleiben, wenn keine Merkmale festgestellt werden,
die das Fleisch als bedenklich erscheinen lassen und

1. das Fleisch zum eigenen Verbrauch verwendet oder unmittelbar
an einzelne natürliche Personen zum eigenen Verbrauch abgegeben
wird
oder
2. das erlegte Haarwild unmittelbar nach der Erlegung in geringen
Mengen an nahegelegene be- und verarbeitende Betriebe zur Abga-
be an Verbraucher zum Verzehr an Ort und Stelle oder zur Verwendung im eigenen Haushalt geliefert wird.

Bedenkliche Merkmale Anlage 2 Kap. VI Fl.H.VO

Abnormes Verhalten, **Störung des Allgemeinbefindens**, **Fallwild**,
zahlreiche Geschwülste oder **Abszesse**, Schwellungen der Gelenke
oder Hoden, Hodenvereiterung, **Leber- oder Milzschwellung**,
Darm- oder Nabelentzündung, fremder Inhalt in den Körperhöhlen,
wenn Brust- oder Bauchfell verfärbt, erhebliche Gasbildung im

Magen-Darmkanal mit Verfärbung der inneren Organe, erhebliche Abweichungen der Muskulatur oder der Organe **in Farbe, Konsistenz oder Geruch,** ältere offene Knochenbrüche, **erhebliche Abmagerung** oder Muskelschwund, frische Verklebungen oder Verwachsungen von Organen mit Brust- oder Bauchfell, stickige Reifung.

Alle Lymphknoten beachten!

LITERATURHINWEISE

Boch, J. und Schneidawind, H.:

Krankheiten des jagdbaren Wildes.

Verlag Paul Parey, 1988

Geisel, O.:

Wildkrankheiten erkennen und beurteilen.

BLV-Verlag, 1995

Boch, J. und Supperer, R.:

Veterinärmedizinische Parasitologie.

Verlag Paul Parey, 1988

Schneidawind, H. und Habit, P.:

Fleischhygienerecht.

Verlagsgruppe Jehle-Rehm GmbH,

10. Auflage 1999

STICHWORTVERZEICHNIS